1등의 영업 편지

1등의 영업 편지

초 판 1쇄 2022년 02월 25일

지은이 김영란
펴낸이 류종렬

펴낸곳 미다스북스
총괄실장 명상완
책임편집 이다경
책임진행 김가영 신은서 임종익 박유진

등록 2001년 3월 21일 제2001-000040호
주소 서울시 마포구 양화로 133 서교타워 711호
전화 02) 322-7802~3
팩스 02) 6007-1845
블로그 http://blog.naver.com/midasbooks
전자주소 midasbooks@hanmail.net
페이스북 https://www.facebook.com/midasbooks425
인스타그램 https://www.instagram.com/midasbooks

© 김영란, 미다스북스 2022, *Printed in Korea*.

ISBN 978-89-6637-345-1 03320

값 16,500원

감동마케터 김영란이 띄우는

1등의
영업편지

김영란 지음

미다스북스

성공은 매일 반복되는 작은 노력의 합입니다.

− 로버트 콜리어

꿈을 꿀 수 있다면
그 꿈을 실현할 수도 있습니다.
– 월트 디즈니

연봉 1억 5천을 가져다준 영업 편지

영업은 인내와 기다림이다. 농부는 봄에 씨앗을 뿌려 가을에 추수한다. 그러나 씨만 뿌리고 나 몰라라 하면 가을에 풍성한 열매를 얻을 수 없다. 여름 내내 거름도 주고 잡풀도 뽑아주며 정성으로 가꾸어야 한다. 우리 영업도 농사와 마찬가지다. 긴 시간 성실하게 열심히 공들여 고객이 나라는 사람을 신뢰할 수 있게 만들어야 한다.

"1년 반을 지켜보니 참 성실하시더군요. 그래서 오랜 기간 거래했던 분에게는 미안하지만, 실장님께 일을 맡기기로 했어요."

이렇게 말씀하신 분도 있고, 3년간 지켜보다가 일을 주신다면서 이런 말씀을 하신 분도 있다.

"저희가 차 한 대 판매할 때까지 몇 년을 공을 들인 분도 있고, 저한테는 너무 소중한 고객님인데 일을 아무한테나 맡길 수 없어서 못 드렸는데, 이제는 실장님이 잘하실 것이라는 확신이 들어서 일을 맡겨요."

고객 한 분 한 분에게 불편함이 없도록, 진심으로 일을 진행하는 것이 나의 일이다. 그것이 곧 나에게 일을 주시는 고마운 연인에게 할 수 있는 보답이라고 생각한다. 나는 고객들을 '일 속 연인'이라고 부른다.

고마운 마음을 담아, 목요일마다 편지를 보내겠다는 약속의 문자를 보냈을 때 '매주 편지를 쓴다는 게 보통 일이 아닌데 지속해서 쓸 수 있느냐?'라는 우려의 질문을 주변에서 많이 받았다. 나는 그동안 약속을 지키기 위해 애썼다. 전날 저녁에 써두기도 하고, 목요일 새벽 3~4시에 일찍 기상하여 쓰기도 하면서 한 주도 거르지 않았다. 지금은 목요일마다 내 편지를 기다려주시는 분도 많이 있고, 잘 읽고 있다며 답을 해주는 분도 있다. 오늘, 이 순간에도 나의 일 속 연인들이 내가 변함없이 초심을 잃지 않고 열심히 하는지 나를 지켜보고 있다고 생각한다.

영업을 처음 하시는 분들에게 나의 첫 영업부터 지금까지의 이야기를 꼭 들려주고 싶다. 영업이라는 일을 하면서 지쳐가는 분들, 좌절한 분들에게 힘을 주고 싶다. 투명인간이 된 듯 아무도 봐주지 않아도 꿋꿋하게 다니던 이야기, 자리를 잡아가며 희망 속으로 빠져들던 이야기, 수입이 늘면서 행복하고 감사했던 7년간의 이야기들을 고스란히 보여주고 싶다. 50세 넘어서 영업을 시작한 내가 어떻게 연봉 1억 5천을 달성하게 되었는지, 어떻게 1등 영업인이 될 수 있었는지 그 비결도 나누고 싶다.

　그래서 이 책에 내가 7년간 목요일마다 일 속 연인들에게 보냈던 편지를 담았다. 지금도 나는 목요일마다 400명 이상의 연인들에게 영업 편지를 보낸다. 지금껏 쓴 영업 편지만 354통이 넘는다. 이 책에는 그중 여러분과 나누고 싶은 것을 추려서 실었다. 따뜻한 공감과 위로, 가슴 벅찬 자신감을 얻을 수 있을 것이라 기대한다. 무엇보다도 이 영업 편지들이 여러분을 1등 영업인으로 만드는 데 도움이 되기를 바란다.

목 차

프롤로그 연봉 *1*억 *5*천을 가져다준 영업 편지 … *8*

PART 1 7년여간의 영업 여정

다시 태어나도 난 영업의 길을 걸을 것이다 … *19*

잊지 못할 고마운 *2*인 … *21*

연봉 *1*억 *5*천을 돌파하며 … *25*

위기의 순간, 기회를 만드는 것은 용기였다 … *27*

연인들이 보내주신 호주 여행기 … *29*

PART 2 삶에 목표 의식을 세워준 영업 편지

요동치는 가슴으로 내 연인들을 향해 · 36 | 엄마라는 단어의 힘 · 38 | 간절한 목표를 향해 함께 달려가는 동반자 · 40 | 2년 6개월의 여정 · 42 | 입문 3년을 돌아보며 · 44 | 자신과의 약속 · 46 | 나다운 삶 · 48 | 한 평 공간이 담은 사연 · 50 | 밥을 짓는 인생 · 52 | 마음 전달 · 54 | 내 연인, 감사한 인연 · 56 | 삶의 재미 · 58 | 감동을 주는 영업 · 60 | 대면 영업의 효과 · 62 | 아침 풍경 · 64 | 지난날을 돌아보며 · 66 | 깊어가는 가을 · 68 | 영업 이야기 · 70 | 마음을 비운다는 것 · 72 | 마음의 우산 · 74

PART 3 내 인생에 열정을 일으킨 영업 편지

첫발을 디디며 · 78 | 내 나이가 어때서 · 80 | 인생의 마디 · 82 | 내 마음속의 감사 노래 · 84 | 모깃소리 탈출 감사 · 86 | 못생긴 나무 · 88 | 우보천리 · 90 | 열심히 일한 당신 당당하게 떠나라 · 92 | 가을 타는 남자, 봄 타는 여자 · 94 | 수많은 하루가 만들어낸 오늘 · 96 | 딱 좋은 계절 · 98 | 나의 하루 · 100 | 설렘 편지 100번 · 102 | 길 · 104 | 5년의 여정 · 106 | 6년, 그리고 300회 · 108 | 표정 있는 목소리 · 110

PART 4 한 번 더 인내하도록 도와준 영업 편지

희망찬 춘삼월을 맞이할 내 연인께 · 114 | 이 봄을 버무리고 싶은 사랑 · 116 | 한 평 남짓의 희망 공간 · 118 | 비 오는 날의 오후 · 120 | 행복을 주는 접점 · 122 | 자신을 사랑하는 법 · 124 | 올림픽 · 126 | 자기감정 억제 · 128 | 끈기 · 130 | 땅 밭과 마음 밭 · 132 | 긍정 에너지 · 134 | 온라인 얼굴 · 136 | 경기 불황 · 138 | 봄을 부르는 희망 비 · 140 | 숨 고르기 · 142 | 마음의 평정심 · 144 | 두 번 오는 하루는 없다 · 146 | 절기 우수의 추위 · 148 | 천재는 노력하는 자를 이길 수 없고 노력하는 자는 즐기는 자를 결코 이길 수 없다 · 150 | 버티기 작전 · 152 | 디딤돌과 걸림돌 · 154 | 기다리는 마음 · 156

PART 5 매일 도전정신을 북돋아준 영업 편지

설렘의 첫 경험 · 160 | 소중한 한 계단의 꿈 · 162 | 지난 6개월, 감사함과 설렘의 오늘 · 164 | 자기 관리 · 166 | 농부의 마음 · 168 | 신년 계획 · 170 | 꽃비의 향연 · 172 | 지치면 지고 미치면 이긴다 · 174 | 1등으로 시작한 인생 · 176 | 영업 · 178 | 시작과 끝 · 180 | 1%의 기적 · 182 | 계절 나이 · 184 | 내 인생의 답은 감사함이다 · 186 | 인생 좌우명 · 188 | 아침 마음 · 190 | 일 년 준비 · 192 | 전투적인 일상 · 194 | 행복한 삶은 셀프입니다 · 196 | 다시 시작 · 198 | 노년의 심리 · 200

PART 6 아름다운 인연을 이어준 영업 편지

일에 미치면 세상이 아름답다 · 204 | 중년의 가슴에 불어오는 봄바람 · 206 | 사랑으로 버무려진 고마운 가족 · 208 | 갈등과 이해 · 210 | 5월의 끝자락에서 · 212 | 복수불반의 고개를 넘어선 마음 · 214 | 딸을 보내고 · 216 | 가족이 미울 때 · 218 | 웃음 전파자 · 220 | 이성 사람 친구 · 222 | 소박한 휴가 천렵 · 224 | 가족 · 226 | 비익조와 연리지 · 228 | 11월을 보내며 · 230 | 참 좋은 인연 · 232 | 변화되는 업무 · 234 | 울, 보, 미 · 236 | 자라 보고 놀란 가슴 솥뚜껑 보고 놀란다 · 238 | 뭉치면 확진되고 흩어지면 안전하다 · 240 | 간절한 기도 · 242 | 거리를 두어야 할 사람 · 244

PART 7 내게 감동을 선물한 영업 편지

남편이라는 이름으로 힘든 당신에게 · 248 | 추억의 양은 도시락 · 252 | 단비 · 254 | 손 편지 · 256 | 마중물 사랑 · 258 | 바람 같은 인생 · 260 | 뜻밖의 작은 행복 · 262 | 어부바 사랑 · 264 | 추석 마중 · 266 | 평범함의 행복 · 268 | 반가운 봄맞이 · 270 | 겨우살이 준비 · 272 | 한 해를 보내며 · 274 | 농한기의 아름다운 노부부 모습 · 276 | 인생에서 가장 행복한 시기 · 278 | 5월의 마지막 주 · 280 | 고향 들녘의 풍요로움 · 282 | 건강을 좌우하는 면역력 · 286 | 올해의 마지막 편지 · 288 | 눈 내린 오후 · 290

썼다.

ㄷ에는 봄이 멀리서 손짓하며

명절 지나고 시장의 흐름이 조금 바빠진 느

이 기뻐하며 얘기를 하신다. 20년 영업이 지겨워서 6개월 슬럼프에 ㅂ

고객이 많이 이탈되어서 자신을 가다듬고 다시 열심히 하여 ...연이 지

고 했다. 꾸준하게 찾아간 기업에서 처음 연락이 왔다고 한다. 열심

음에도 불구하고 계약하겠다는 말에 너무 감동해서 왈칵 눈물이 ㄴ

고객에게 감동을 주는 진정한 영업자는 항상 고객 입장이 되어 일하

기 그가 필요로 하는 것을 열심히 해결해주는 사람이라 생각한

히 오늘이 가슴 뭉클한 감동의 하루가 되시길 기원하고

PART 1

7년여간의
영업 여정

다시 태어나도
난 영업의 길을 걸을 것이다

7년 전, 처음 영업인으로서 발걸음을 뗐던 그때는 연봉 1억 5천을 상상조차 하지 못했다. 50세가 넘어서 생소한 영업을 하게 된 이유는 단순했다. 아이들 다 키워놓고 일에만 전념을 할 수 있게 됐기 때문이었다. 또한 빠듯한 살림에 단돈 얼마라도 보탬이 되길 바라는 소박한 마음도 있었다.

그러나 당장 한 달 생활비도 넉넉지 않은 형편에 6개월간 투자만 하고 수입은 없는 셈 치면서 일하기가 쉽지만은 않았다. 한 달 한 달 지날수록 부채는 늘어갔다. 지금은 원활한 자금 융통이 가능하지만, 그 당시에는 내가 먼저 거래처에 지급하고 차후에 본사에서 받는 구조였다. 1년이 넘도록 부채가 누적되어 힘들었다. 그러나 마지막이라고 생각하며 시작한 일이었기에 포기하고 싶지 않았다. 꼭 성공하고 싶었다.

나의 간절함이 통했는지, 여기저기 돈을 빌리면서 버티다 보니 1년 반 만에 부채를 다 갚을 수 있었다. 기적처럼 저축도 할 수 있을 만큼의 수익을 올리기 시작했다. 그때부터는 가정에 조금이라도 보탬이 되겠다는 목표를 넘어, 내가 우리 부부의 노후자금을 책임질 수 있겠다는 자신감이 생겼다. 그 자신감에는 점점 가속도가 붙기 시작했다.

영업은 잡힐 듯하면서도 쉽게 잡히지 않았다. 내 것이 된 것 같아도 내 것이 아니었다. 이런 상황을 반복적으로 접하고 느끼며 나는 영업인으로서 계속 성장했다. 나와 처음 거래를 했다고 해서 계속 내 사람인 게 아니다. 꾸준하게 열심히 하는 모습을 보여야 떠나지 않는다. 이 사실은 모든 영업의 기본이다. 이렇듯 영업은 어찌 보면 잠시도 방심할 수 없는 직업이다. 반면 수입의 한계가 없어 자신이 노력하면 고소득의 주인공이 될 수 있다는 것이 영업의 최고 매력이다.

다시 태어나도 난 자진해서 영업의 길을 걸을 것이다. 소박한 마음으로 작게 시작했던 7년 전의 나를 기억하며, 고소득의 맛을 본 지금까지의 여정과 감동을 많은 분과 나누고 싶다.

잊지 못할 고마운 2인

영업 인생에서 잊을 수 없는 두 분의 연인이 있다. 첫 번째는 바로 나의 첫 고객, A 연인이다. 첫 고객을 얻었을 때의 기쁨은 무에서 유를 창조한 기쁨이었다. 너무도 달콤했다. 능숙하지 않았던 나에게 처음 일을 주셨던 고마운 분을 잊을 수가 없다.

어느 날 운전하고 열심히 달리고 있는데, 힘차게 울리는 전화의 발신자를 보니 매주 방문하던 곳의 일 속 연인이었다. 가슴이 두근대고 떨렸지만, 최대한 편안하게 한 옥타브 올려서 반갑게 전화를 받았다. 현금으로 차를 구매할 테니 캐시백 진행을 하자고 했다. 며칠 동안 따라다니며 배웠던 선배의 멘트 그대로 고객님과 통화 후, 본사와 연결해서 순서대로 진행했다. 일을 마무리하고 일 속 연인에게 결제하시라고 이야기하니 "저도 정말 어려운 시절이 있었어요. 지치지 마시고 힘내서 그대로 열심히 하시면 됩니다."라며 허허 웃으셨다. 잊을 수 없는 가슴 뭉클한 감동의 순간이었다.

한 건의 일을 해보고 나니 전화벨 소리에 두근대던 떨림이 줄고, 나도 "할 수 있구나."라는 자신감이 생겨 한 발 더 앞으로 나가는 계기가 되었다.

잊을 수 없는 두 번째 연인은 나를 울게 한 고마운 B 연인이다. 삼성카드에서 캐시백 진행만 했었는데 새롭게 할부가 생겼던 때다. 할부를 개발한 지 오래 안 되어 전산이 완벽하지 않아 조회할 때와 진행할 때의 결과가 가끔 다르게 나오곤 했다.

B 연인이 요청한 건 사전에 진행이 가능하다고 이야기했던 건이었다. 그런데 막상 차가 나온 그날, 진행하려고 하니 안 되는 것이었다. "차는 나왔는데 이거 책임질 거냐? 어떻게 할 거냐?" 하며 당황한 B 연인이 나를 향해 소리를 지르며 화를 내셨다. 정말 죄송하다고 여러 번 말씀드리고 차에 와서 복받치는 설움에 한참을 울었다. 울다가 생각하고, 또 울

다가 생각했다. 그러다 B 연인께 장문의 문자를 쓰기 시작했다.

"오늘 저 때문에 힘드셨을 차장님께 정말 죄송합니다. 전산 오류가 가끔 생기는 일이지만 문제가 있으면 그럴 수 있다는 여지를 드리고 차선의 선택을 준비할 수 있게 해드렸어야 했는데 그렇게 하지 못한 것은 저의 불찰입니다. 차장님의 따끔하신 말씀이 저에게 다시는 이런 일을 반복하지 않을 만큼의 큰 공부가 되었습니다. 오늘을 교훈 삼아 더 세심하게 열심히 하겠습니다. 다시 저에게 일을 주실지 모르겠지만, 다시 한 번 더 기회를 주신다면 더 성장한 모습으로 임하겠습니다."

이런 내용의 긴 문자를 보내고 집으로 돌아왔다. 저녁 8시쯤 문자의 알림이 울려서 확인해보니 B 연인이 보낸 문자였다.

"실장님, 정말 미안합니다. 일이 꼬이는 순간 제가 욱해서 실장님께 상처를 드린 것 같아 오후 내내 마음이 편치 않았습니다. 일을 진행하다 보면 이런 일 저런 일 다 있는데 오늘은 제가 너무 심했다고 생각했습니다. 부디 너무 상심하지 마시고 지금 하시는 대로 열심히 하셨으면 합니다. 일은 잘 처리되었으니 걱정 안 하셔도 됩니다. 실장님의 문자를 받고 제가 많이 반성했습니다. 제가 일이 있을 땐 실장님께 전화 드리겠습니다."

화가 나서 답장을 안 하실 줄 알았다. 뜻밖에 도착한 답장을 읽으니 또 감동의 눈물이 왈칵 쏟아졌다. 낮에도 울고 밤에도 울고, 그날은 정말 많이 울었다. B 연인은 지금 나에게 다섯 손가락 안에 들어갈 정도로 고마운 연인이다. 항상 우군이 되어 걱정해주시고 목요일 편지에도 답을 주시며 응원해주시고 있다.

연봉 1억 5천을 돌파하며

고액 연봉은 매일 먹는 밥처럼 얻을 수 있는 것은 절대 아니었다. 일 시작한 지 만 4년이 넘었을 무렵 연봉이 꿈 같은 숫자 1억 5천을 달성했다. 믿어지지 않는 수입이었다. 가정 경제는 시원하게 잘 돌아가고, 돈을 잘 버니 친정 부모님과 형제들한테도 베풀 수 있어서 너무 행복했다. 아침에 눈을 뜨면 빨리 일을 하고 싶었다. 주말이면 빨리 월요일이 되어 일 속으로 풍덩 빠지고 싶다는 생각뿐이었다.

처음에는 삼성카드만 했었지만 그다음에 국민카드 코드를 내고 마지막으로 우리카드 코드를 냈다. 일 외에는 다른 생각을 하고 싶지 않을 정도로 일에 완전히 미쳐 있었다. 그 결과가 수입으로 고스란히 이어지지 않았나 생각한다.

해가 갈수록 거래하는 연인이나 거래를 안 하는 연인이나 만나면 반갑고 친근감이 느껴졌다. 거래를 안 하는 연인은 나를 보며 "제 지인이 이 일을 해서 실장님께 드리지 못해 미안하네요."라고 말씀하실 때 나는 언제나 똑같은 답을 했다.

"저는 양은 냄비가 아니고 5중 바닥 냄비처럼 오래도록 이 자리에서 기다릴 테니 훗날 기회가 되면 주세요."

그러면 이렇게 답을 하셨다.

"실장님은 일을 달라고 부담을 안 주시니까 더 미안해지네요."

매주 방문해서 조그만 간식을 책상에 두고 인사를 하니 연인들은 "달력을 안 봐도 실장님이 오시면 무슨 요일인지 알겠어요."라고 하신다. 그렇게 꾸준하게 얼굴도장 찍으며 오랜 시간 다니다 보니, 거래 안 하는 연인이 나를 보면 미안한 마음이 드나 보다. 사실 이렇게 상대방을 계속 미안하게 하는 것도 '5중 바닥 영업' 방법의 한 가지라고 생각한다.

위기의 순간,
기회를 만드는 것은 용기였다

위기를 기회로 만드는 데는 주저 없는 용기가 필요했다. 우여곡절을 겪으며 몇 년간 일을 잘하고 있었는데, 어느 날 갑자기 카드사마다 할부 진행을 서류로 받지 않고 모바일로 변경한다고 했다. 모바일 진행이란, 기존에 서류로 확인하던 내용을 휴대폰에서 URL 주소로 접속 후 내용을 확인하게 하고, 입력하여 체크하고 본인 인증으로 동의하는 것이다. 몇 시간 교육을 받고 습득한 후 딜러나 고객에게 설명해야 했다. 나보다 젊은 에이전트도 복잡하고 머리 아프다며 예전 방식인 서류로 진행할 정도였다. 순간 내 앞에 큰 벽이 생겨 길을 가로막은 느낌이 들었다.

집에 와서 곰곰이 생각을 해봤다. '인생을 살다 보면 여러 번의 난관이 찾아온다. 어차피 넘어야 할 것이라면 내가 먼저 하자.' 이런 생각으로 밤 늦게까지 모바일 할부 진행 매뉴얼을 읽고 또 읽었다. 남편 앞으로 해보고 딸 앞으로 해보고 친구와 지인까지 동원하여 7건의 모바일 진행을 해보았다. 그리고 다음날 강북 지역단에서 내가 처음으로 모바일로 할부 진행을 했다. 그때부터 어려운 건 미루지 않고 먼저 해버려서, 오히려 어렵다고 고민하는 일은 없어졌다.

카드사마다 모바일 진행 관련해서는 지금도 수시로 전산 개발을 하여 보완하고 있다. 이제 모바일을 못 하시는 고객을 찾아가서 진행해드리는 건 나의 일상이 되었다.

만약 처음 모바일 진행이 생겼을 때 '나이 들어 이런 걸 어떻게 해?'라며 포기했다면 지금의 나는 없었을 것이다. 열심히 노력하면 나이를 뛰어넘어 젊은 사람보다 잘할 수 있다. 내가 바로 그 증거이다.

7년간 일을 하면서 이와 같은 위기의 순간은 여러 번 있었다. 그러나 용기를 내어 위기를 기회로 바꾸었기 때문에 1등 영업인이 된 오늘의 내가 있는 게 아닐까?

연인들이 보내주신
호주 여행기

여행 준비할 때가 최고의 기쁨이라고 했던가? 손꼽아 기다렸던 날이 되어 설레는 마음을 안고 인천공항으로 갔다. 본사 실무 책임자와 전국 8개 지점의 직원과 영업 담당자 등 32명이 모여 5박 7일로 호주로 떠나는 여정이 시작되었다. 출국 절차를 밟으면서도 일 걱정에 마음이 편하지 않았지만, 연인들이 이해해주기만을 바라며 비행기에 몸을 실었다. 저녁 6시 반에 출발해 10시간 이상 날아가서 아침에 시드니 공항에 도착했다.

잠도 설친 채 일정을 시작했다. 2일째, 첫 번째로 블루마운틴 관광을 했다. 유네스코 세계자연유산에 등록된 블루마운틴은 멀리서 보았을 때 진한 푸른색을 띠고 있기 때문에 붙은 이름이다. 이 푸른빛은 유칼립투스에서 증발한 유액 사이로 통과하는 태양 광선 중 파장이 가장 짧은 푸른빛이 반사되면서 생긴 것이다. 특별한 식물군이 많고, 공기를 수출까지 한다는 웅장하고 청정한 곳이었다.

식사는 살살 녹는 스테이크에 레드 와인을 곁들였다. 한국에서 소주만 즐겨 마시던 나에게는 새로운 경험이자 공부였다. 와인은 술이 아니라 몸속을 청소하는 주방 세제 같은 역할을 하는 음식이라고도 했다.

3일째, 세계문화유산으로 지정된 오페라하우스를 관람했다. 1973년에 개관한 오페라하우스는 건축 자재의 재질도 훌륭하고 외관 디자인부터가 남달랐다. 대공연장은 2,700석이다. 오페라하우스 옆에는 웅장한 크루즈와 파티를 하는 작은 요트가 달콤한 여유를 보여주고 있었다.

시드니 런치 크루즈를 위해 배를 탔다. 선상 파티랄까? 배가 출발이 되며 식사가 시작되고, 넘실거리는 바다를 바라보며 어설픈 칼질로 스테이크를 자르고 와인 잔을 들고 배의 4층으로 올라갔다. "아, 이렇게 행복해도 되는 걸까?" 중얼거리며 가슴이 확 트이는 시원한 기분을 만끽했다. 숙소는 2인 1실인데, 룸메이트는 예쁘고 착한 나이 어린 직원이었다. 룸메이트로 지내는 데는 나이 차가 아무 상관없다는 생각이 들 정도로 서로 편하고 좋았다.

4일째 날에는 본다이 비치 동부 해안으로 갔다. 밀가루처럼 고운 모래와 깨끗한 바닷물 그리고 과감한 노출이 자연스러운 해변이었다. 멋진 남자들의 근육과 금발 머리 예쁜 아가씨들의 거의 벗은 모습이 나를 깜짝 놀라게 했다. 자유시간을 어떻게 보낼까 하다가, 해변에 자리 잡은 호프집을 발견했다. 야외 광장에 쾅쾅거리며 흘러나오는 음악을 다들 즐기는 모습이 너무 좋아 보여서 들어갔다. 맥주 한잔으로도 그들 속에 섞일 수가 있었다. 옆 테이블에 금발 머리 아가씨들이 솔 톤의 낭랑한 목소리로 우리를 반겨주었고, 시끄러운 음악에 몸이 자연스레 흔들렸다.

낮이면 맑고 파란 하늘이 우리를 매일 반겨주었고, 평소에 자주 접하지 못하던 스테이크를 수시로 먹을 수 있어서 너무 행복했다. 해안 도시 시드니에서 2박을 하고, 서퍼들의 천국인 골드코스트로 비행기를 타고 이동했다.

5일째는 파라다이스 컨트리 관광이었다. 귀여운 코알라와 사진도 찍고, 야생 캥거루도 구경했다. 캥거루의 아기 주머니를 가까이서 보니 신기했다. 아마도 사람이나 동물이나 엄마의 마음은 아기를 주머니에 넣고 보호하는 캥거루 같은 마음이 아닐까 싶다.

6일째는 Q1 타워 스카이 포인트 77층에 올라갔다. 골드코스트 최고의 높이에서 40여 킬로미터에 달하는 골드코스트 전망을 즐길 수 있었다. 오후에는 세계 과일을 맛볼 수 있는 열대과일 농장을 방문하여 견학하고 갖가지 과일을 시식 후, 리버 크루즈를 타고 정글 탐험도 했다.

시간이 어찌나 빨리 가는지, 아쉬운 마지막 저녁 식사 시간에 삼삼오오 모여 한 잔의 여유를 즐겼다. 한식당이라 김치찌개와 소주, 맥주가 있어 너무 좋았다. 다들 이제야 막 친해지려는데 내일이면 헤어진다는 아쉬움을 술잔을 부딪치며 달랬다. 그렇게 7일 차 새벽 4시 40분에 브리즈번 공항으로 가기 위해 버스를 탔다. 가이드님을 통해 여러 가지 상식들을 배웠는데, 와인을 만드는 포도 종류에 관해서도 배울 수 있었다.

레드와인- 카베르네 소비뇽, 메를로, 쉬라즈, 피노누아
화이트와인- 소비뇽 블랑, 샤도네이, 리슬링
로제와인 - 모스카토

브리즈번 공항에서 면세점을 돌면서 와인 파는 곳에 가보니 공부한 와인 이름들이 눈에 들어왔다.

브리즈번에서 인천공항까지는 9시간 20분이 걸렸고, 인천공항에 도착해서 입국 수속을 밟으면서 갑자기 몸도 마음도 바빠졌다. 매일 바쁘게

살지만, 가끔은 호주에서의 여유로움이 생각날 것 같다. 새로운 경험이었다. 이번 여행 중에, 호주 사람들이 엄격한 법을 준수하며 충분한 보상과 여유로움을 느끼는 것을 보았다. 일로써 묶인 멤버들과 포상으로 다녀온 5박 7일의 호주 여행은 최고의 여행으로 아름답게 기억될 것 같다.

2018년 12월 6일부터 12월 12일까지의 여행.

흉내는 꽃들이 최고의 감탄을

사하세요? 망칫하던 연인이 내게 하는 질문이다. 언제부터인가 점소

끄러운 공간에서 통라하면 예의가 아닌 것 같아 행동식을 준비해서

이면서 휴식 공간이고 나만의 회조애각이 담긴 공간이다. 3년 3개월

를 교대로 할 때도 이 공간에서 힘든 마음을 풀어놓았고, 요즘 연인이

공간에 풀어놓는다.

에 많은 사연을 쌓아두었을 것이다. 힘들면 힘들다고 털어놓고 기

애기가 위로해주고 축하해줄 것이다. 어쩌면 그 누구보다 넓게

사연을 들려주는 좋은 날 되시기를 바라며, 안전 운전하

PART 2

삶에
목표 의식을
세워준
영업 편지

요동치는 가슴으로
내 연인들을 향해

어설픈 모습으로 처음 영업소를 기웃거리던 내 모습이 생각난다. 눈도 마주치지 못하고 말도 제대로 못 걸면서 부끄럽게 전단만 전달하며 일 속의 연인들을 향해 가슴앓이를 시작했다.

나의 존재를 전혀 의식하지 않는 연인들에게 나를 알리기는 그리 쉽지 않았다. 바람이 스쳐 가듯 휘리릭 다녀가는 많은 영업 사원 중 한 명에 불과하고 잠시 타다가 꺼질지 모르는 불씨로 보는 연인들의 마음을 읽을 수가 있었다.

일을 시작한 지 한 달 반이 되었다. 이제는 지칠까, 위로의 말 한마디 해주시는 연인도 생기고 실적은 나오는지 챙겨주는 연인도 생겼다. 그런 연인들의 따스함에 가슴이 수시로 뭉클해지고 감동이 울컥 밀려오기도 한다. 영업소의 연인들을 일주일에 한 번씩 만난다는 기대와 설렘에 아침마다 마음이 분주하다. 영업소에 머무는 시간이 5분이 안 될지라도, 연인의 모습을 보지 못하고 빈 책상만 만나고 돌아오더라도 다음주를 다시 기약한다.

집으로 돌아오는 길에 차를 세우고 가만히 밭둑을 보았다. 어릴 적 아버지가 한 바가지 채취해와 고추장 넣고 밥 비벼 드시던 아기 돌나물이 경쟁하듯 빼곡하게 올라오고 있었다. 냉이와 지칭개가 언 땅을 뚫고 나와 기세등등한 모습으로 나를 바라본다. 그 모습은 바로 '희망'이었다.

그 희망으로 3월에는 첫 번째 목표도 세웠다. 오늘도 하루를 시작하며 내 연인들을 향해 달려가고자 한다. 내 연인의 하루가 행복하기를 바라는 마음이다. 내 연인의 연인이 차량 구매를 하는 하루이길 바란다.

P.S.: 제 일 속의 연인께 목요일의 영업 이야기 다섯 번째를 보내드립니다. 긴 글 끝까지 읽어주셔서 감사합니다.

2015년 3월 5일 삼성카드 김영란 드림

엄마라는 단어의 힘

"신은 도처에 없기에 엄마를 만들었다."

– 유대 격언

남쪽부터 시작하여 꽃의 퍼레이드가 펼쳐지는 아름다운 봄이다. 3월과 4월이 교차하며 마감과 시작이 서로 악수를 한다. 3월 초에 계획했던 작은 목표는 달성했으니 이제 쉴 틈 없이 4월의 목표를 세운다.

파릇파릇 새싹이 돋는 화창한 요즈음, 연인들을 찾아가는 기분이 최상이다. 영업소 앞에 주차하는데 연인 한 분이 내 차를 들여다보고 핸들 앞에 붙여놓은 사진을 보며 "어머니세요?" 하고 질문을 해왔다.

"네, 맞아요. 엄마 사진 보고 힘들 때는 하소연하고 기쁠 때는 자랑하면 엄마가 제 말을 다 들어주시는 것 같아요."

질문했던 연인의 얼굴에 갑자기 그리움이 드리워진다. 어머니 살아생전에 아내와 같이 어머니를 못마땅하게 생각하고 따뜻한 말 한마디, 맛있는 밥 한 끼 못 해드렸는데 어느 날 갑자기 하늘나라로 가셔서 두고두고 한이 남는다고 하셨다. 그 연인의 마음속 가슴앓이가 읽힌다.

영업소의 연인 한 분은 어머니 사진을 크게 확대해서 책상 앞에 붙여놓으셨다. 그 사진을 보는 내 마음이 푸근해지고 가슴에 파도치듯 잔잔한 감동이 일었다. 그렇게 엄마는 살아계시든 멀리 가셨든 우리 가슴속에 영원히 살아있는 것 같다.

4월의 시작, 엄마의 마음으로 내 연인들이 즐겁게 영업하고 실적이 좋아져서 행복이 더 넘치길 바란다. 오늘도 엄마 생각을 기틀로 내 연인도 나도 앞을 향해 달리는 생각에 기분이 좋아진다. 엄마….

P.S.: 일 속의 연인께 보내는 목요일의 영업 이야기 아홉 번째를 보내드립니다. 끝까지 읽어주심에 감사드립니다.

2015년 4월 2일 삼성카드 김영란 드림

간절한 목표를 향해
함께 달려가는 동반자

잔잔한 풀벌레 울음소리가 퍼지고 하늘하늘한 코스모스 꽃잎이 하나 둘 떨어지는, 스산하고 센치한 11월이다.

열 달 전, 처음 영업소 연인을 찾아 일하며 보이지 않는 앞날을 설계하려 수없이 집을 짓고 부수곤 했다. 이제는 머릿속 설계가 끝나고 공사를 시작할 때가 된 것 같다.

"왜 일을 하세요? 어떤 목표가 있으세요?"

최근에 영업소 방문을 하면 이런 질문을 하는 연인이 종종 있다. 나는 여러 번 수정 끝에 목표를 정하고 실천하는 과정에서 단계적으로 도달 지점을 정한다. 처음에 일할 때는 뭐가 뭔지 몰랐지만 열심히 했다. 시간 이 흐르면서 목표를 정하고 나니 한발 한발 목표지점에 다가서는 즐거움 에 신나서 일하게 됐다. 간절한 목표를 위해서는 어떤 희생도 감내한다 고 하지 않는가. 늦었다는 생각이 들어도 절대 늦지 않았다는 마음으로, 나도 일 속 내 연인도 각자의 목표를 향해 열심히 달려가는 동반자가 되 었으면 하는 바람이다. 동장군이 슬금슬금 스며드는 11월, 건강도 잘 챙 기고 판매 실적도 야무지게 챙기는 멋진 내 연인이길 힘차게 응원하고 기원해본다.

P.S.: 일 속 연인께 보내드리는 목요일의 영업 이야기 41번째를 보내드립니 다. 끝까지 읽어주심에 감사드립니다.

2015년 11월 5일 삼성카드 김영란 드림

2년 6개월의 여정

긴 가뭄이 지나 장마가 주춤하는 가운데 불볕 폭염이 이어지고 있고, 2017년 후반기가 바쁘게 시작되었다.

어제 당직하시는 연인과 이야기 도중 처음 일하던 때의 마음과 지금의 마음에 대해 이야기하게 되었다. 아무것도 보이지 않는 곳을 심봉사처럼 어설프게 발을 디디며 다니다 보니 조금씩 눈을 뜨게 되었다. 하루가 한 달이 되고 한 달이 1년이 되니 가랑비에 옷 젖듯이 친숙해지는 연인이 많아졌다. 일도 늘어나고 고마운 일이 많이 생겼다. 이 일을 한 지 2년 6개월이 지났다. 작은 바람으로 시작했지만 지금은 새로운 목표도 생기게 되어 행복하고 감사하다. 이런 내 말을 듣던 연인이 명언을 한마디 하신다.

"아마 젊어서 이 일을 했으면 이렇게 자리 잡고 일을 못 했을 수 있고, 이토록 감사함을 몰랐을 거예요."

돈도 없어 봐야 돈이 소중한 줄 알고, 나이를 들어봐야 시간이 소중한 줄 알고, 힘든 일을 겪어봐야 현재에 감사할 줄 알게 된다는 뜻인 것같다.

폭염이 이어진다는 오늘도 내 연인이 건강하고 일과 행복이 물 흐르듯 잘 풀리는 하루가 되시기를 응원하고 기원해본다.

P.S.: 일 속 연인께 보내드리는 목요일의 영업 이야기 126번째를 보내드립니다. 끝까지 읽어주심에 감사드립니다.

2017년 7월 6일 삼성카드 김영란 드림

입문 3년을 돌아보며

몸을 움츠리게 하던 혹한을 지나, 초미세먼지가 극성을 부리는 날이 며칠째 이어지고 있다. 건강에 특별히 유의해야 할 때이다.

3년 전 1월 19일, 처음으로 연인을 찾아 영업소 방문을 했다. 지도를 보고 일주일 노선을 만들었다. 6개월은 수입을 기대하지 말고 투자만 해야 한다는 선배의 말을 듣고 매일 정해진 요일에 빠지지 않고 방문했다. 전단과 과자를 책상에 두고 개미 같은 목소리로 인사만 하고 도망 나오기 바빴던 그때, "뭐라고 말 좀 하고 다니셔야지, 경쟁이 치열한데 그래서 일이 되겠어요?" 하며 걱정해주시는 연인도 있었다. 후에 들은 얘기지만 연인 몇 분이 '김영란 실장이 3개월 못 넘긴다, 넘긴다?' 하고 내기까지 했다고 한다. 그런 나날을 보내며 '일을 제대로 할 수 있을까?' 하고 불안한 마음으로 연인 한 분, 두 분이 연락을 주셨다. 그러다 4개월이 되니 조금씩 플러스로 돌아가기 시작했다. 1년 만에 강북지역단 40여 명 중에 5위 안에 들어갔고 1년 반 만에 3위 안으로 들어와 지금껏 유지하고 있다.

처음에 영업소 다닐 때 투명 인간이 된 느낌으로 혼자 말하고 차에 돌아오면 거울을 보며 "언젠가 그분들도 너의 존재를 느낄 날이 있을 거야."라고 중얼거리며 나를 위로할 때가 있었다. 그런 날이 있었기에 오늘을 더욱 감사하게 느끼는 것 같다.

지난 3년을 돌아보니 가슴이 뭉클하고 따뜻해져 온다. 부족해도 믿고 맡겨주신 연인이 있기에 오늘까지 꿋꿋하게 일을 할 수 있음에 다시 한 번 감사드린다. 오늘도 '처음처럼'이라는 단어를 염두에 두고 최선을 다하겠다는 마음이다.

날씨가 춥지는 않지만, 미세먼지와 황사가 있다고 한다. 내 연인 모든 분이 건강에 유의하시고 오늘도 바쁜 일정 속에 좋은 일 가득하시길 응원하고 기원해본다.

P.S.: 일 속 연인께 보내드리는 목요일의 영업 이야기 152번째를 보내드립니다. 끝까지 읽어주심에 감사드립니다.
2018년 1월 18일 삼성카드 김영란 드림

자신과의 약속

혹독한 추위가 지나고 날이 풀려 얼어 있던 길이 녹았다. 어제 당직하시는 연인은 전시장에 묻혀온 흙을 온종일 닦아야 했다. 추위에 묶여 있던 발이 풀려 고객님이 활발하게 방문할 것 같은 기분 좋은 예감이다.

새로운 각오의 1월이 지나고, 명절이 있는 짧은 2월이 시작되었다. 한 달을 시작하면서 누구나 또 자신과 약속을 하고 지키기 위해 노력을 할 것이다.

3년여 전 처음 '목요일의 영업 이야기' 편지를 쓸 때의 의도는 일주일 중 연인이 제일 피로할 목요일에 편지를 쓰자는 마음이었다. 처음에는 화요일이나 수요일부터 편지 내용을 걱정하며 컴퓨터에 앉아 생각했고, 간혹 연인이 제목을 추천해주기도 했다. 어느 정도 익숙해진 지금은 목요일 당일 새벽에 즉흥적으로 편지를 쓰고 있다.

보내드린 편지를 잘 읽어주시는지 아니면 지나치시는지 모른 채 목요일이면 제목을 정하고 나 자신과의 약속을 지키기 위해 편지를 쓰고 있다. 오늘이 154번째인데 어제 연인 한 분이 지금껏 보낸 편지를 모두 보관하고 있다면서 초심을 찾고 싶을 때 그 편지를 본다고 하셨다. 편지에 처음에는 간절함이 묻어 있었는데 지금은 감사함이 묻어있다고 하신다. 가슴이 뭉클할 만큼 보람 있고 감사한 순간이었다.

2월의 출발을 하면서 내 연인의 계획과 자신과의 약속이 잘 이루어지시길 바라며 오늘도 내 연인 앞에 웃음과 보람으로 행복 가득하시길 기원해본다.

P.S.: 일 속 연인께 보내드리는 목요일의 영업 이야기 154번째를 보내드립니다. 끝까지 읽어주심에 감사드립니다.

2018년 2월 1일 삼성, 국민카드 김영란 드림

나다운 삶

미세먼지가 전국을 뒤덮은 가운데도, 예쁜 꽃들이 여기저기에서 선을 보이고 유난히 부지런한 3월도 막바지에 이르고 있다.

어느 날 당직하던 연인이 자동차 영업을 하게 된 계기에 관해 이야기를 해주셨다. 어려운 상황에 놓여 있는 나이 50세에 영업을 한다고 했을 때 반대하거나 걱정을 하는 주위 사람들이 있었지만, 시간을 투자하고 확신을 하고 신발이 닳도록 다녔더니 3년이 지난 지금은 자리를 잡았고, 내 선택에 대해 책임지는 노력이 오늘을 만들었다고 했다. 감동적인 연인의 말을 들으며 나 자신을 돌아보았다. 3년 3개월 전, 나 역시 50세 넘어서 이 일을 시작했고 지금은 감사한 보람을 느끼고 있다.

"인생이 어느 날 갑자기 나다운 삶을 선물해주지는 않는다. 나 스스로 그것을 만들어가는 것 외에 다른 방법은 없다."

– 〈홀가분한 삶〉 중에서

내가 무엇을 좋아하고 잘할 수 있는지 나 자신을 들여다보고, 칭찬하고 인정해주는 것이 필요하다.

오늘은 내 연인이 자신을 더 많이 사랑해주고 토닥여주는 아침으로 시작해서 더 행복한 하루 보내시길 기원하고 응원해본다.

P.S.: 일 속 연인께 보내드리는 목요일의 영업 이야기 160번째를 보내드립니다. 끝까지 읽어주심에 감사드립니다.

2018년 3월 29일 삼성카드 김영란 드림

한 평 공간이 담은 사연

봄과 여름을 넘나드는 날씨 속에 가는 곳마다 뽐내는 꽃들이 최고의 감탄을 불러 일으킨다. 4월도 중후반을 달리고 있고 내 연인도 나도 늘 그러하듯이 열심히 오늘에 충실히 하고 있다.

"오늘도 차에서 식사하세요?"

당직하던 연인이 내게 하는 질문이다. 언제부터인가 점심에만 통화 가능한 고객님들과 시끄러운 공간에서 통화하면 예의가 아닌 것 같아 행동식을 준비해서 차에서 늦은 점심을 먹고 있다.

차 안은 사무실이면서 식당이면서 휴식 공간이고 나만의 희로애락이 담긴 공간이다. 3년 3개월 전 이 일을 배우면서 다짐과 포기를 교대로 할 때도 이 공간에서 힘든 마음을 풀어놓았고, 요즘 연인이 주는 감동에도 행복한 마음을 이 공간에 풀어놓는다.

이동이 많은 내 연인도 작은 공간에 많은 사연을 쌓아두었을 것이다. 힘들면 힘들다고 털어놓고 기쁘면 기쁘다고 환호하면 속 깊은 애마가 위로해주고 축하해줄 것이다. 어쩌면 그 누구보다 넓게 품어주는 비밀 공간이기도 하다.

오늘도 내 연인의 짝꿍인 애마에게 행복한 사연을 들려주는 좋은 날 되시기를 바라며, 안전 운전하시고 기분 좋게 출발하시길 응원해본다.

P.S.: 일 속 연인께 보내드리는 목요일의 영업 이야기 163번째를 보내드립니다. 끝까지 읽어주심에 감사드립니다.

2018년 4월 19일 삼성, 국민카드 김영란 드림

밥을 짓는 인생

며칠 동안 맑은 공기와 푸르른 하늘이 우리를 기분 좋게 해준다. 최고의 초록빛을 발하는 산과 들이 신선하고 예쁘다. 아름다운 계절 5월도 후반을 향해 달리고 있고 내 연인도 나도 바쁜 하루를 보내고 있다.

연인 한 분이 내게 물어왔다. 인생을 밥으로 비유하자면 지금이 탄 밥인지 윤기 나는 밥인지를. 그러면서 그 연인의 밥은 매번 탄 밥이라고 했다. 나도 오랜 시간, 물의 양과 불의 세기를 잘 맞춰봐도 탄 밥을 만들며 힘들었다. 그러나 밥솥을 들여다보면 전부 탄 것이 아니고 윤기 나는 부분도 있었다. 그것들이 견디는 힘이 되어주었기 때문에 오늘의 윤기 나는 밥을 맛볼 수 있었다고 말했다.

우리는 매일 밥을 짓듯 인생을 만들어가고 있다. 매일 탄 밥이 아니고 매일 윤기 나는 밥이 아니듯, 영원한 슬픔도 없고 영원한 기쁨도 없다. 특히 영업하면서 '일희일비'하지 않는 것이 마음 다스리는 데 도움이 될 것이다.

오늘도 마감을 향해 달리는 내 연인 앞에 웃음꽃이 활짝 피고, 오늘을 감사할 수 있는 기분 좋은 하루 보내시기를 기원해본다.

P.S.: 일 속 연인께 보내드리는 목요일의 영업 이야기 168번째를 보내드립니다. 끝까지 읽어주심에 감사드립니다.

2018년 5월 24일 삼성, 국민카드 김영란 드림

마음 전달

이른 새벽 여기저기에서 새들이 기분 좋게 노래 부르며 잠을 깨운다. 날씨는 무덥지만 충분한 강수량으로 인해 온 세상이 맑아진 느낌이다.

어제 영업소 방문을 했을 때, 당직하던 연인이 예쁜 한지 편지지에 정성스레 손 편지를 쓰고 있었다. "어머, 고객님께 일일이 편지를 쓰시는 거예요?"라고 물으니, 오랜 기간 계절마다 1년에 네 번은 고마운 핵심 고객님께 손 편지를 쓴다고 하시며, 통계에 의하면 신차 재구매율이 30%가 안 된다고 하는데 사후관리가 없어서 그런 결과가 나오는 것이라고 하신다.

차를 구매할 때 무언가 서운했거나 불만이 있었거나 하는 일들을 사후에 관리하지 않아서 재구매가 안 되고 이탈하는 것이기 때문에 끊임없이 관리해야 한다고 했다. 영업의 매력은 무한한 것이며, 노력하지 않으면 결코 결실이 찾아오지 않는 것이라고 하신다. 한 장 한 장 손 편지를 쓰는 그 마음이 고객님께 가슴 뭉클함으로 전달될 것 같다.

매일 영업소를 다니며 여러 가지 방법으로 각자의 영업을 하시는 고수 연인들을 본다. 늘 배우고 느끼고, 마음을 다잡으며 오늘도 나는 커가고 있다.

오늘은 찜통 더위가 이어질 것이라고 한다. 오늘도 열심히 움직이실 내 연인 앞에 좋은 일이 가득하길 기원하며, 더위 이기시고 건강한 하루 보내시길 응원해본다.

P.S.: 일 속 연인께 보내드리는 목요일의 영업 이야기 174번째를 보내드립니다. 끝까지 읽어주심에 감사드립니다.

2018년 7월 5일 삼성카드, 국민카드 김영란 드림

내 연인, 감사한 인연

장기간 이어지는 폭염 속에 정열적인 8월도 중순을 향하고 있고, 더위와 싸우며 친구 하며 오늘도 이 더위가 가기를 기다려본다.

"실장님이 일하신 지 얼마나 되었죠?"라며 영업소 연인이 물어보신다.

"제가 연인 찾아 일주일에 한 번씩 영업소 방문을 한 지 3년 7개월이 되었어요."

"그래요? 많이 친숙해져서 5년은 된 줄 알았어요."

"일을 시작하던 병아리 시절부터 닭이 된 지금까지의 일 성장기가 매주 보내는 편지에 고스란히 담겨 있죠?"

이제는 매주 만나는 연인 모든 분이 친숙해져서 반갑게 인사한다. 그 날의 표정을 보고 마음을 읽기도 하며, 행복하거나 고단한 삶을 이야기 하기도 한다. 그런 인연이 되어준 연인에게 참 감사한 마음으로 또 하루 를 연다.

오늘도 연인을 만나기 위해 집을 나서고, 연인과 함께 하루를 보내며, 내 연인이 더위에 너무 힘들지 않기를, 일이 잘 풀리기를 마음 깊이 응원 하고 기원해본다.

P.S.: 일 속 연인께 보내드리는 목요일의 영업 이야기 179번째를 보내드립니 다. 끝까지 읽어주심에 감사드립니다.

2018년 8월 9일 삼성카드, 국민카드 김영란 드림

삶의 재미

강하게 춥지도 않고 겨울의 상징인 눈도 많이 오지 않아 가뭄이 심한 채 겨울이 저물어가고 있다. 1월도 어느덧 후반기로 접어들었고 연인도 나도 또 한 달을 마감하는 마음이 바빠진다.

엊그제 40~50대가 주축이 된 모임에서 후배가 삶의 재미에 관한 이야기를 했다. 아이들은 커가고 남편과는 서로 소 닭 보듯 덤덤하고, 그 어디에서도 재미있는 일이 없다고 했다. 모임에 참석한 10명이 각각 의견을 내놓았는데, 취미든 일이든 사랑이든 무언가에 빠져 있으면 재미있고, 직장과 집을 기계처럼 오가며 변화 없는 생활을 하면 재미없게 느껴질 수 있는 것 같았다. "이 나이에 무슨, 재미로 살아? 그냥 사는 거지."
라고 말하는 친구도 있었다.

어떤 이는 자식이 인생의 전부라고도 하고, 어떤 이는 돈이 전부라고
쫓아가기도 한다. 재미란 뭔가에 대한 목표를 가지고 살면 그 낱낱의 진
행 과정과 결과에 대한 성취감이 소소한 일상에 스며들며 수시로 느껴지
는 감정이 아닐까?

삶의 재미가 무언지 정답은 없지만, 재미도 행복도 불행도 마음속에서
만들어내는 것이다. 때문에 마음의 운전을 좋은 방향으로 하면 되지 않
을까? 내 연인의 하루에 재미가 솔솔 나시기를 바라며, 오늘도 안전 운
전하시고 좋은 일로 가득하시길 기원해본다.

P.S.: 일 속 연인께 보내드리는 목요일의 영업 이야기 202번째를 보내드립
니다. 끝까지 읽어주셔서 감사드립니다.

2019년 1월 24일 삼성카드, 국민카드 김영란 드림

감동을 주는 영업

아침저녁으로 늦추위가 몸을 움츠리게 하고 한낮에는 봄이 멀리서 손짓하며 다가온다. 파릇한 기분을 살짝 느끼는 2월의 중반이다. 명절 지나고 시장의 흐름이 조금 바빠진 느낌이다. 연인도 나도 하루하루를 보내고 있다.

어제 당직하던 연인이 기뻐하며 얘기를 하신다. 20년 영업이 지겨워서 6개월 슬럼프에 빠져 있는 사이에 그동안 관리해온 고객이 많이 이탈되어서 자신을 가다듬고 다시 열심히 하여 1년이 지난 지금은 다시 활기를 찾고 있다고 했다. 꾸준하게 찾아간 기업에서 처음 연락이 왔다고 한다.

열심히 하는 모습에 감동해서 지인이 있음에도 불구하고 계약하겠다는 말에 너무 감동해서 왈칵 눈물이 나올 뻔했다고 한다.

성실함의 열매가 아닌가 싶다. 고객에게 감동을 주는 진정한 영업자는 항상 고객 입장이 되어 일하고, 고객이 부르면 언제나 친절하게 그가 필요로 하는 것을 열심히 해결해주는 사람이라 생각한다.

오늘도 희망찬 아침을 맞이하며 내 연인의 오늘이 가슴 뭉클한 감동의 하루가 되시기를 기원하고 응원해본다.

P.S.: 일 속 연인께 보내드리는 목요일의 영업 이야기 205번째를 보내드립니다. 끝까지 읽어주심에 감사드립니다.

2019년 2월 14일 삼성카드, 국민카드 김영란 드림

대면 영업의 효과

　오곡밥에 나물 먹는 대보름날과 마음으로 소원을 빌며 우수가 지나가고 대동강 얼음이 녹는다는 경칩이 다가오고 있다. 세월은 유수같이, 시간은 우직하게 가고 있고, 연인과 나도 오늘에 충실하며 열심히 앞을 보며 걷고 있다.

　어제 할부를 진행하기 위해 고객님과 통화를 했다. 60대 초반이신 고객님이 전화를 받으시며 이율을 낮게 진행하기 위해 모바일로 한다는 말을 들으시더니 복잡하다고 심하게 짜증부터 내신다. 잠깐 5분 정도 시간을 내주시면 만나 뵙고 해드리겠다고 했더니 알았다고 하시며 시간과 주소를 알려주신다. 약속된 시간에 찾아뵈니 허허 웃으시며 말하신다.

"미안해요. 내가 휴대폰은 전화를 걸고 받는 것 외에는 못하는데 모바일인가 뭔가 하라는 줄 알고 짜증났어요."

모바일 접수를 해드리고 돌아오는데 차가 떠날 때까지 봐주시면서 와 줘서 고맙다며 조심해서 가라고 손을 흔드셨다. 그 모습을 뒤로하고 돌아왔다. 목소리만 들었을 때와 직접 만날 때가 이렇게 다르다는 사실을 새삼 다시 한번 느낀다.

수많은 고객님을 만나보지만 전화로는 목소리가 퉁명스러운 고객님도 대면을 하는 순간 99%는 봄눈 녹듯이 좋은 분으로 달라진다. 만나면 일 단 더 신뢰할 수 있어서가 아닐까 싶다.

미세먼지가 심하다는 예고가 있는 오늘도 내 연인이 건강 관리 잘 하시고 좋은 고객님 많이 만나는 보람된 하루 보내시기를 응원해본다.

P.S.: 일 속 연인께 보내드리는 목요일의 영업 이야기 206번째를 보내드립니다. 끝까지 읽어주심에 감사드립니다.

2019년 2월 21일 삼성카드, 국민카드 김영란 드림

아침 풍경

비바람에 꽃잎이 우수수 떨어지고 바닥에 꽃 양탄자가 색색이 깔려 예쁜 꽃은 서서히 사라지고 파릇파릇 잎새가 돋는 계절이다. 4월도 마감을 향해 달리고 있고 연인도 나도 마감을 준비한다.

어제 아침 출근하는 승강기에서 희망의 단면을 보았다. 바쁜 출근 준비를 마치고 14층에서 승강기를 탔는데 이미 네 명이 타고 있었다. 10층에서 유치원생 딸을 태워주는 엄마가 유치원 차 타는 걸 위에서 보고 있을 테니 잘 다녀오라며 애틋하게 손을 흔들며 문이 닫힐 때까지 눈을 못 뗀다. 집에 아가가 있는 엄마의 조바심 나는 모습이었다.

다음은 5층에서 탄 맞벌이 부부가 오늘 퇴근 후 일정을 물어보며 하루 잘 보내라고 격려를 해주며 조용히 미소를 짓는다. 그러는 중에 먼저 탔던 아가씨는 거울을 보며 머리를 매만지고 화장을 점검하느라 바쁘다. 다음은 3층에서 80대 할머니가 노인용 유모차에 의지하며 힘들게 타셔서 인사하는 나에게 말씀하신다. 이렇게 하루에 두 번, 운동을 안 하면 다리에 힘이 없어 누워만 있어야 해서 힘들어도 운동을 하신다고 한다.

단 몇 분 사이에 다섯 살 아이부터 할머니까지 각자의 바쁜 모습을 볼 수 있었다. 하루를 시작하는 승강기에서 다들 무슨 생각을 할까? 아마도 오늘의 일정을 잘 소화하고 별 탈 없는 하루를 보내길 바랄 것이다.

아침은 하루의 희망이다. 오늘도 내 연인이 하루를 시작할 때 희망을 품고 즐거운 마음으로 시작하시기를 기원하고 응원해본다.

P.S.: 일 속 연인께 보내드리는 목요일의 영업 이야기 215번째를 보내드립니다. 끝까지 읽어주심에 감사드립니다.

2019년 4월 25일 삼성카드, 국민카드 김영란 드림

지난날을 돌아보며

　푸르른 산야와 예쁜 하늘이 기분 좋게 해주는 요즘, 가끔 내려주는 비에 식물들도 신이 난 듯 녹음이 짙어가는 때이다.

　계절이 바뀌고 해가 바뀌면서 연인을 만나게 된 지도 4년 5개월이 되었다. 적지 않은 나이에 처음 이 일을 하겠다고 생각했을 때 3일 동안 컴퓨터 앞에 앉아 지도를 보고 월요일부터 금요일까지 다닐 지역과 노선을 짜기 시작했다. 같은 요일에 같은 영업소를 방문하고 인사하며 과자에 스티커를 붙여 작은 마음을 전하기 시작했다. 처음에는 영업소 방문을 해도 개미 소리처럼 작은 목소리로 인사를 하고 도망치듯 나오기 바빴다. 그 후 며칠 지나서 일주일에 심리적으로 제일 힘들다는 목요일마다 편지를 쓰기 시작했다.

최소 6개월 정도는 지출만 있고 수입은 없다는 것을 알고 시작했기에 자리 잡기까지 기다림이 지루하지 않았다. 투명 인간이 지나간 듯 눈길을 안 주던 연인도 시간이 흘러 매주 같은 요일에 방문하니 인사도 받아주고 "과자 값은 나와야 할 텐데요." 하며 걱정도 해주셨다.

그런 것이 첫 번째 희망이었다. '불안해서 일을 맡기지는 못하셔도 내 존재는 인식이 되어가는구나.'라는 생각에 기분이 좋았다. 그렇게 희망은 싹을 틔우고 열매를 맺고, 오늘 지난날을 돌아보는 222번째 편지도 쓰게 되었다. 오늘도 내일도 어디든 달려갈 수 있는 마음으로 일해서 나를 믿고 일을 주시는 고마운 연인분들께 실망 드리지 않고 보답하겠다는 마음이다.

오늘도 일정 속에 움직이실 내 연인 앞에 좋은 일만 가득하시길 바라며 많이 웃는 하루 보내시길 기원해본다.

P.S.: 일 속 연인께 보내드리는 목요일의 영업 이야기 222번째를 보내드립니다. 끝까지 읽어주심에 감사드립니다.

2019년 6월 20일 삼성카드, 국민카드 김영란 드림

깊어가는 가을

아파트 정원부터 길거리 가로수까지 나뭇잎이 울긋불긋 물들어가는 아름다운 계절, 가을이다. 이맘때면 산과 들이 한 폭의 수채화가 되고, 사람들은 너도나도 감탄하며 가을로 빠져든다.

들에서는 벼 수확, 콩 털이, 깨 털이, 감, 대추 등 수확이 한창이다. 땀 흘린 농부가 1년 농사를 거두며, 보람으로 행복한 웃음이 번지기를 바라는 마음이다.

농부는 1년 농사를 짓지만, 영업은 1년 열두 달 매일 씨를 뿌리고 물을 주며 매달 수확을 한다. 어쩌면 장거리 마라톤같이 힘들고 지칠 때가 많기도 하다. 그러나 농사지을 때 땅은 거짓말을 안 한다고 하듯, 영업도 꾸준히 정성을 들이면 좋은 결과가 생긴다.

가을도 깊어가고 10월도 깊어가고 있는 오늘, 내 연인의 마음이 풍성하고 발걸음 떼는 순간마다 즐거움과 보람이 함께하시길 기원하고 응원해본다.

P.S.: 일 속 연인께 보내드리는 목요일의 영업 이야기 239번째를 보내드립니다. 끝까지 읽어주심에 감사드립니다.

2019년 10월 24일 삼성카드, 국민카드, 우리카드 김영란 드림

영업 이야기

시간은 누가 뭐래도, 어떤 일이 있어도 유유히 흘러간다. 좋을 때는 잡고 싶고 나쁠 때는 빨리 지나쳐버리고 싶지만, 시간은 흘러만 간다.

어제는 연인 한 분이 "편지가 270번이 넘었으면 얼마나 된 거죠?"라고 물으신다. "일주일에 한 번 편지를 쓰니 5년 반이 되었네요."라고 답을 해드렸다. 문득 지나간 시간을 돌아보았다.

처음에 이 일을 시작할 때 매주 한 번씩 일하면서 생기는 일들에 대해 딱딱하지 않게 편지를 쓰겠다고 생각했다. 매주 목요일 새벽이면 컴퓨터 앞에 앉아 일주일을 돌아보고 연인들을 생각하며 편지를 썼다. 수없이 많은 문자들 속에 묻힐지라도 나 자신이 연인과 약속을 했다고 생각하기에 끝까지 멈추지 않을 것이다.

가끔 편지 잘 읽고 있다고 말해주시는 연인도 있고, 보내온 문자를 지우지 않고 한가할 때 읽어보신다는 분, 하는 일이 다르지만 고개를 끄덕이며 공감을 하신다는 분도 있다. 연인들에게 감사한 일이 많다. 중년의 나이에 바쁨을 귀한 선물로 주시고 보람과 성취도 주시니, 오늘을 소중하게 여기고 더욱더 최선을 다해야겠다.

지난 5년 반 동안 감사했고 앞으로도 감사할 연인 모든 분이 오늘도 내일도 좋은 일로 가득하시고 건강하시기를, 매일매일 보람차게 보내시기를 진심으로 기원해본다.

P.S.: 일 속 연인께 보내드리는 목요일의 영업 이야기 276번째를 보내드립니다. 끝까지 읽어주심에 감사드립니다.

2020년 7월 9일 삼성카드, 국민카드, 우리카드 김영란 드림

마음을 비운다는 것

몸을 움츠리게 하는 극심했던 한파는 대한이 되면서 누그러지고 있다. 이제는 한겨울의 고개를 넘었다는 마음으로 성급하게 봄을 기다린다. 코로나 확진자도 줄어가고, 날이 풀리면 바이러스가 덜할까 하는 희망도 품어본다.

어제는 영업소를 다니다가 당직하시는 연인이 하시는 말씀을 듣게 되었다. 한 달에 두 번 고객님들께 DM 발송을 몇십 년 하고 있는데, 최근 몇 년 사이에 "이제 안 계시니 문자 안 보내셔도 됩니다."라는 충격적인 답장이 갈수록 늘어간다고 한다. 가족이나 배우자 등으로부터 고객님이

이 세상에 안 계심을 알리는 문자나 전화를 받을 때면 마음이 너무 안 좋다면서, 이제는 스트레스 덜 받고 건강을 챙기면서 마음을 비우는 연습을 하고 있다고 하셨다.

마음을 비운다는 것이 쉽게 되는 것이 아니지만, 그래도 연습은 해야 하지 않을까? '몇 년만 더 열심히 벌어야지', '이 목표를 달성할 때까지는 열심히 해야지' 하며 끝없이 우리 앞에 주어지는 숙제를 해나간다. 그리고 그 숙제를 하기 위해서 건강을 해치며 달려가곤 한다.

일의 특성상 나 같은 경우는 규칙적인 식사를 하고, 스트레스를 받더라도 바로 풀 수 있어야 한다고 생각한다. 식사할 시간이 안 되면 차에 간식을 가지고 다니고, 스트레스 받을 일이 있으면 잘 해결될 것이라고 생각하면서 "이 문제가 생사를 가르는 것은 아니다."라고 주문을 외우며 스트레스를 줄이면 어떨까?

세상에 소중한 것이 많고 많지만, 자신의 건강과 가족들의 건강보다 중요한 건 없을 것이다. 오늘도 바쁜 일정을 소화하실 내 연인이 건강 잘 챙기시고 마음이 편한 하루 보내시기를 기원해본다.

P.S.: 일 속 연인께 보내드리는 목요일의 영업 이야기 301번째를 보내드립니다. 끝까지 읽어주심에 감사드립니다.

2021년 1월 21일 삼성카드, 국민카드, 우리카드 김영란 드림

마음의 우산

창밖에 어둠이 가시지 않은 이른 아침에 희망찬 오늘이라는 무대에 오를 내 연인을 생각하며 책상에 앉아 편지를 쓴다. 7년여간 내 편지의 수신인이 되어준 연인은 나에게 어떤 존재일까?

새해의 첫 편지를 쓰면서 차분하게 지난날을 돌아보며 그동안 내 연인은 나에게 '마음의 우산'이 되어주셨다는 생각이 든다. 비가 오나 눈이 오나 바람이 부나 같이 일을 하며 서서히 내 마음에 우산이 되어주셨다.

어두운 터널을 지나야 햇살이 비치는 밝은 세상에 도달한다. 그래서 어려움을 겪어본 자는 오늘의 행복이 더 귀하고 값지다는 것을 절실하게 느낀다.

"한 사람이 또 한 사람의 우산이 되어줄 때 한 사람은 또 한 사람의 마른 가슴에 단비가 된다."

– 〈우산〉 중에서

연인에게도 1순위인 가족 외에도 마음의 우산이 되어준 고마운 분들이 많이 있을 것이다. 세상은 혼자 살 수 없기에 더불어 살고 도움을 주고받으며 사는 것 같다. 또 한 해를 시작하며, 내 마음의 우산이 되어주신 고마운 내 연인에게 진심이 담긴 목요일 편지로나마 마음의 우산이 되고픈 마음이다.

오늘도 하루를 시작하며 연인이 걷는 길에 온전한 기쁨이 있고, 보람이 느껴지는 행복한 하루 보내시길 기원해본다.

P.S.: 일 속 연인께 보내드리는 목요일의 영업 이야기 350번째를 보내드립니다. 끝까지 읽어주심에 감사드립니다.

2022년 1월 6일 삼성카드, 국민카드, 우리카드 김영란 드림

... 춤춘다. 오락가락하는 날씨와 손잡고 나는
... 움직이던 연인 한 분이 커피를 마시며 얘기를 하신다.
... 케약. 판매하고 등록 마무리까지 하기 위해서는 줄고자, 보험 서비
... 요. "라며 바라는 것이 많아지는 고객님을 만족하게 하기란 정말
...해야겠지만, 열매를 빨리 거두려는 성급함을 가지거나 고객이 지나
... 것이다.

... 연인을 만나면서 나는 마음속에서 감사 노래를 한다. 이렇게 만
...면서 더 감사하다는 생각이 콧노래로 나온다. 여러 가지 색으로 나
... 발길은 중복을 하루 앞둔 더위도 방해하지 못한다.
...도 챙기고 실적도 기대 이상으로 올라 흐뭇한 마음으로 잠
...기를 힘껏 응원하며 기원해본다.

PART 3

내 인생에
열정을 일으킨
영업 편지

첫발을 디디며

자동차 영업소는 차를 살 때만 방문한다고 생각했다. 그러나 이 일을 시작하며 아침부터 저녁까지 방문하게 되었다. 마음의 신발 끈을 단단히 동여매고 기어 들어가는 목소리를 크게 내어 힘차게 인사를 한다. 나의 장점인 미소를 보이며 들어가서 인사를 하고 전단을 전해드린다. 말을 받아주시는 분도 있지만, '새로운 사람이 또 왔군.' 하며 묵묵히 하시던 일을 계속하시는 분도 있다. 어색하지만 있는 말, 없는 말을 건네며 친근감 있게 대하려고 한다.

일찍부터 영업 준비에 바쁘신 연인들. 신차 영업하시는 연인들은 차를 사고자 하는 사람들을 열심히 찾아다닌다. 자신도 3개월 동안 한 대도 못

팔았던 적이 있지만 인내를 가지고 잘 견딘 끝에 지금은 잘하고 있다고 하시며, 성급하게 생각하지 말고 열심히 하면 좋은 결과가 있을 것이라고 힘을 주시는 연인도 있다. 가끔은 "거래하는 사람 있어요." 하며 지고 지순한 의리를 보여주시는 연인도 있다.

하루 이틀이 지나 열흘이 된 오늘, 그동안 내게 명함을 주신 연인에게 처음으로 연애편지를 쓴다. 내일도 모레도 끊임없이 만나게 될, 열심히 사시는 연인에게 영업소를 다니면서 생겼던 에피소드나 풍경을 일주일에 한 번씩 주절거릴까 한다.

고객은 왕이라는 말을 뛰어넘어 신이라고 하는 현실에서 스트레스도 많이 받고 머리 아픈 일 많으실 연인들에게 가볍게 웃으며 읽으실 수 있는 영업 일기 또는 영업소 풍경을 전하고자 한다.

불쑥 이런 문자 받으시고 황당하셨으면 죄송합니다. 앞으로 이 일을 하는 날까지 일주일에 한 번씩 이야기를 보낼까 합니다. 혹시 문자를 원하지 않으시면 미리 말씀해주시면 감사하겠습니다.

저는 이 문자를 받으시는 분들을 제 일 속의 연인이라고 생각하고 연인들이 많이 웃고 행복하길 바라는 마음으로 주간 일기를 보냅니다.

한 주의 고개를 넘어선 목요일입니다.
오늘도 행복 가득한 하루 보내세요~
2015년 1월 29일 삼성카드 김영란 드림

내 나이가 어때서

영업소를 방문하며 일을 한 지 이제 4주 차가 되었다. 안개 낀 도로를 감으로 달리듯, 보이지 않는 먼 곳을 희망으로 포장하며 아침부터 저녁까지 영업소를 방문했다. 3주 차에 달콤한 열매의 맛도 보았고 이제는 종종 캐시백, 할부 문의 전화를 해주시는 연인도 있다.

전단만 전해드리고 돌아오던 처음과는 달리 연인들이 영업을 나가기 위해 준비하는 모습을 유심히 보며 나도 더 열심히 해야지 하는 마음도 생긴다. 내 연인들은 새 차의 주인이 될 또 다른 연인들을 만나기 위해 전단에 스탬프도 찍고 독특한 명함도 제작하시고 DM 발송도 하신다.

이제는 연인과의 대화도 조금씩 늘어가고 있다. 네 번째 방문한 영업소 연인이 "장거리 달리기에서 초반에 힘을 많이 빼면 안 되는 것 알죠? 조바심 가지고 너무 질주하면 지칠 수가 있으니 제 페이스를 지키는 것이 좋아요."라고 조언을 해주신다. 그렇지 않아도 일을 마치고 돌아갈 때 실적은 없더라도 문의 전화 한 통이라도 받은 날은 희망이 보이는 것 같아 자신감이 넘쳐난다.

어제 방문한 영업소에서 만난 연인의 말이, 젊은 사람하고 거래를 했었는데 신속하게 일 처리를 해주어서 좋았다고 하신다. 나이가 있어서 신속함이 떨어질까 염려하는 눈치였다. "요즘 나이 50은 예전의 50이 아니랍니다. 이 일은 나이가 좌우하지 않아요. 제 나이에도 못 할 것이 없는데 뭐라고 꼭 집어 설명을 할 수가 없네요."라고 말을 한 뒤 둘이 한바탕 웃었다.

오늘도 나는 집을 나서며 마음속으로 다짐을 한다.

"나는 못 할 일이 없다. 30, 40대 못지않은 열정으로 오늘도 연인 찾아 달리리라. 야야야~ 내 나이가 어때서 일하기 딱 좋은 나인데~"

P.S.: 제 일 속의 연인이 되어 주셔서 감사합니다.
매주 목요일에 드리는 세 번째 영업 이야기를 끝까지 읽어주셔서 정말 고맙습니다. 오늘도 제 연인들이 향하는 발길마다 행운이 함께하길 바라는 마음입니다.
2015년 2월 12일 삼성카드 김영란 드림

인생의 마디

단비가 내린 후 화창한 날씨를 선물로 안겨주는 상큼한 봄날이다. 연인 찾아 달리는 거리에는 벚꽃 잎이 흩날리며 가로수를 멋지게 장식해주고 가까운 산에는 쌀 튀밥을 잔뜩 붙여 놓은 듯 싸리나무 꽃이 한창 피어나고 있다.

어떤 연인은 바다로 떠나고 싶다고 하시고 어떤 연인은 어디론가 목적 없이 훌쩍 떠나고 싶다고 하신다. 일주일의 중반을 넘기면서 마음이 지칠 즈음 날씨에 유혹을 당한 탓일까?

문득 지난 주말에 다녀온 여행의 여운이 소곤거리듯 달콤하다. 기다리는 설렘이 좋았다. 오밀조밀한 꽃과 풀과 나무에서 받은 행복이 저축되어 며칠을 되새김질해도 맛있다. 대나무는 속은 텅 비었지만, 시련을 극복하는 방편으로 마디를 만들어 거센 바람에도 버티고 똑바로 자랄 수 있다고 한다. 우리 인생에 있어서 마디는 무엇일까? 어떤 이는 잠이 될 수도 있고 어떤 이는 취미가 될 수도 있고 또는 가족이 될 수 있다.

며칠 전 어느 강의에서 우리 인생에 있어 마음에 맞는 사람과 자연을 찾아가는 여행이 인생의 마디로 최고라는 이야기를 들었다. 가정을 꾸리고 가정을 위해서 사는 것이 잘하는 것으로 생각하기 쉽지만, 자신을 단단하게 할 수 있는 마디 하나쯤은 있어야 하지 않을까 하는 생각을 해본다.

연인을 찾아다니며 일을 한 지 3개월이 넘었다. 조금의 어려운 일도 있었지만 따뜻한 연인들의 마음에 감사하며 자리매김을 하고 있다. 오늘도 신차 판매를 하시는 내 연인 한 분 한 분이 일도 잘되시고 건강하시고 행복 가득하시길 기원해본다.

P.S.: 일 속의 연인께 목요일의 영업 이야기 12번째를 보내드립니다.
끝까지 읽어주심에 감사드립니다.
2015년 4월 16일 삼성카드 김영란 드림

내 마음속의 감사 노래

비와 습한 날씨가 교대로 오면서 숨 막히는 더위가 절정으로 치닫고 있다. 나무와 풀들은 비를 머금고 행복한 듯 바람에 산들거리며 춤춘다. 오락가락하는 날씨와 손잡고 나는 오늘도 연인을 만나러 다닌다. 바쁘게 움직이던 연인 한 분이 커피를 마시며 얘기를 하신다.

"자동차 한 대를 계약, 판매하고 등록 마무리까지 하기 위해서는 중고차, 보험, 서비스 지원 등 할 일이 10가지 정도 있어요."라며 바라는 것이 많아지는 고객님을 만족하게 하기란 정말 힘들다고 하신다. 열심히 노력은 해야겠지만, 열매를 빨리 거두려는 성급함을 가지거나 고객의 지나친 욕심에 스트레스 받으면 힘들어질 것이다.

영업소와 인연을 맺고 매일매일 연인을 만나면서 나는 마음속에서 감사 노래를 한다. 이렇게 만날 수 있어서 감사하고 연이 깊어지면서 더 감사하다는 생각이 콧노래로 나온다. 여러 가지 색으로 나를 감사하게 만드는 내 연인을 찾는 발길은 중복을 하루 앞둔 더위도 방해하지 못한다.

마감을 향해 달리는 7월의 중후반, 건강도 챙기고 실적도 기대 이상으로 올라 흐뭇한 마음으로 감사 노래 부르며 더위를 이기는 내 연인이 되기를 힘껏 응원하며 기원해본다.

P.S.: 일 속의 연인께 보내는 목요일의 영업 이야기 25번째를 보내드립니다. 끝까지 읽어주심에 감사드립니다.

2015년 7월 23일 삼성카드 김영란 드림

모깃소리 탈출 감사

불볕더위로 사람들을 힘들게 한 것이 미안했는지 말복 저녁 바람이 살랑거린다. 콧속까지 들어온 애교 바람에 내 마음도 스르르 녹는다. 긴 휴가와 광복 70주기를 맞이하는 임시공휴일이 있어서인지 이번 주까지는 영업소 분위기가 조용하다. 다음 주부터 본격적인 8월의 영업이 시작될 듯한 분위기이다.

오늘도 설레는 마음으로 연인을 만나러 방문했다. "안녕하세요?" 힘 있게 인사를 하고 영업소에 들어가니 연인 한 분이 얘기하신다. "정말 많이 변하셨네요? 처음에 오셨을 때 고개도 제대로 못 들고 목소리도 모깃소리 같았는데 지금은 씩씩하고 자신감 있어 보여 좋네요."

반년 전에 차 문 닫아놓고 인사를 연습하고 차량 구매하시는 고객님께 전화 걸 내용도 연습하며 나 자신에게 '잘할 거야!' 하며 주문을 외운 적이 많았다. 그런 시간이 지나 지금은 영업소에 방문하면 반갑게 인사를 받아주시는 연인도 있고, 믿고 일을 맡겨주시는 연인이 있다. 그러면서 자신 있는 목소리로 변해가는 것 같아 감사하고 행복한 마음이다.

곧 자동차 영업의 시즌으로 들어서는 계절이라며 영업소 연인이 희망에 찬 말씀을 하신다. 이제 더위도 곧 물러가고 하늘거리는 코스모스의 계절 가을로 접어들면 잠자리 높이 날 듯 내 연인의 마음도 실적도 높이 훌쩍 뛰는 행복으로 가득하시길 기쁜 마음으로 응원해본다.

P.S.: 일 속의 연인께 보내드리는 목요일의 영업 이야기 29번째를 보내드립니다. 끝까지 읽어주심에 감사드립니다.

2015년 8월 13일 삼성카드 김영란 드림

못생긴 나무

조석으로 선선하게 불어오는 바람이 기분을 좋게 해주고 한낮의 햇살이 여운을 남기듯 따가운 날이 이어지고 있다. 오늘도 내 연인을 향한 발걸음은 여전히 설렘 속에 미친 듯 신난다. 뜨거운 사랑에 빠진 사람처럼.

영업소 방문을 해서 에어컨 바람으로 땀을 식히는데 당직을 하시던 연인이 한마디 하신다.

"제가 잘생겼으면 벌써 잘려나갔을 텐데 '자칭 못생긴 나무'라고 생각하는 덕분에 25년간 이 자리를 지키고 있는 것 같아요. 인물이나 영업능

력이나 모든 것이 뒤떨어지지만 제가 못난 만큼 꾸준히 노력했더니 오늘이 있네요. 허허허."

지난 시절을 뒤돌아보며 얘기하시는 연인의 말씀에 나 자신을 들여다보게 된다. 적지 않은 나이와 떨어지는 시력 때문에 잠깐 주춤한 적이 있지만, 그 이상 열심히 일하는 것을 통해 단점을 기회로 삼아가고 있다.

보기 좋은 나무, 건강한 나무, 여러 가지의 나무가 있지만 나는 오늘도 속이 건강한 나무로 살기 위해 행복한 행진을 하고 있다. 멋스러운 계절, 가을의 문턱에 주렁주렁 열린 대추나무처럼 8월의 결실이 풍성하고 마음 나무가 건강해서 함박웃음 짓는 내 연인이 되었으면 하는 바람이다.

P.S.: 일 속의 연인께 보내드리는 목요일의 영업 이야기 30번째를 보내드립니다. 끝까지 읽어주심에 감사드립니다.

2015년 8월 20일 삼성카드 김영란 드림

우보천리

어둑한 아침, 창문을 열고 선선한 바람을 맞으며 8월의 마지막 목요일 아침을 연다. 설레듯 재촉하듯 가을로 안내하는 귀뚜라미 노랫소리가 힘차게 들려온다. 뜨거웠던 더위와 생산 휴가로 일할 수 있는 날이 짧았던 8월도 마무리되고 있다. 드넓은 들판을 느린 걸음으로 일구는 소처럼 쉬지 않고 걷는다면 아쉬운 부분이 있다 해도 멋진 계절 9월에는 꼭 채워질 것이다.

어제 갑자기 발표된 자동차 개별소비세 인하로 인한 일부 가격 조정으로 혼선이 오가고 있지만, 자동차 판매 촉진의 기회가 될 것이라는 희망적인 마음에 환영하는 분위기이다.

늘 바쁘게 살아가고 있고 조급해하지만 "인생을 살아가는 데 있어, 때로는 최후의 성공을 위하여 우보를 택하는 것도 필요하다."라는 마음으로 종종 나 자신의 마음에 수위를 조절하곤 한다. 일하기 좋은 계절이 찾아오고 정부도 나서서 개별 소비세를 내리고 영업소 내 연인이 일하시는 데 희망의 불이 켜진다고 생각하니 기분이 좋아진다.

오늘도 설렘으로 집을 나서며 내 소중하고 고마운 연인을 찾아갈 것이다. 오늘이라는 무대가 펼쳐지는 아침, 내 연인 한 분 한 분의 무대가 멋지게 펼쳐지길 바라며 행복한 웃음 짓는 하루가 되길 바라는 마음으로 하루를 시작해본다.

P.S.: 일 속의 연인께 보내드리는 목요일의 영업 이야기 31번째를 보내드립니다. 끝까지 읽어주심에 감사드립니다.

2015년 8월 27일 삼성카드 김영란 드림

열심히 일한 당신
당당하게 떠나라

들판에는 황금 물결이 흐뭇하게 춤추고 산 위에서는 은빛 물결 억새가 하늘거리며 유혹하는 아름다운 계절이다. 3일 연휴를 앞두고 오늘부터 시작된다는 명성산 억새 축제도 기대되고 코스모스가 예쁘게 피어 있는 자전거 도로를 달리는 것도 기대되는 기분 좋은 목요일이다. 이른 아침 어둑한 창밖을 보며 오늘도 영업소 연인을 찾아갈 생각에 들뜬 마음으로 하루를 시작한다.

가랑비에 옷 젖듯 9개월간 매주 만나는 영업소 연인이 많이 가까워지는 것 같아 고마운 미소가 지어진다. 내 부족함이 묻히고 더 단단하게 자리매김할 수 있는 것 역시 내 연인의 덕분이라는 생각에 다시금 감사하다.

몇몇 영업소가 야유회를 떠난다는 금요일 같은 목요일에 한 주의 마무리 잘하시길 바란다. "열심히 일한 당신 떠나라!"라는 말이 있듯이 일상을 떠나 가까운 곳이라도 찾아가 가을의 깊은 맛을 듬뿍 느끼고 꿀 같은 연휴 행복하게 보내시길 힘차게 손뼉 치며 응원하고 싶다.

P.S.: 일 속의 연인께 보내드리는 목요일의 영업 이야기 37번째를 보내드립니다. 끝까지 읽어주심에 감사드립니다.

2015년 10월 8일 삼성카드 김영란 드림

가을 타는 남자, 봄 타는 여자

황금 들판 논둑을 뛰어다니며 메뚜기 잡고, 어른들 몰래 무 뽑아 깎아 먹고, 콩서리 해 먹던 어린 시절 추억이 생각나는 계절이다. 가을이 깊어 가면서 영업소를 다니다 보면 멋진 계절의 늪에 빠진 연인을 종종 만날 수 있다.

가을에는 일조량이 줄어들어 멜라토닌 증가로 남자가 우울함을 느끼는 반면, 봄에는 일조량이 늘어나면서 멜라토닌 감소로 후각 시각을 자극받게 되는 여자가 성호르몬이 증가하면서 꽃 향기와 봄바람에 들뜨게 된다고 한다. 그래서 '가을 남자의 뒷모습이 쓸쓸해 보인다'고 하고 '봄 처녀 바람난다'는 말이 있는지도 모른다.

오늘도 가을을 듬뿍 느끼면서 일도 열심히 하는 연인과 발맞춰 나도 초심으로 10월의 중반을 힘차게 달리고 있다. 보람되고 흐뭇한 시월의 마지막 밤 노래를 부를 수 있도록.

찬 바람 불면 곧 떠날 것 같은 가을. 불타는 단풍 같은 열정이 실적으로 이어지는 행복한 마음을 내 소중한 연인이 모두 느낄 수 있기를 바라며 일교차 큰 날씨에 내 연인의 건강도 함께하길 기원해본다.

P.S.: 일 속의 연인께 보내드리는 목요일의 영업 이야기 38번째를 보내드립니다. 끝까지 읽어주심에 감사드립니다.

2015년 10월 15일 삼성카드 김영란 드림

수많은 하루가 만들어낸 오늘

어제의 비로 온 세상이 깨끗하게 씻긴 듯, 빗소리 대신 어둑한 밖에서 새들의 노랫소리가 힘찬 아침을 알리고 있어 더 기분 좋게 하루를 시작한다.

이 일을 시작한 후 처음 몇 달은 아침에 눈 뜨면 영업소 연인 만나러 갈 생각에 걱정과 두려움으로 하루를 시작했다. 그리고 또 몇 달은 한 분 한 분을 알아가며 새록새록 설렘으로 하루를 시작했다. 지금은 좋은 분들과의 인연에 빠져 온통 일과 연인 만날 생각으로 가득하다.

앞이 안 보일 만큼 캄캄한 길을 걸으면서도 희망을 잃지 않고 갈 때 부족한 손을 잡아주신 고마운 연인 한 분 한 분의 마음이 힘의 원천이 되었다. 이제는 신입이라는 딱지를 떼고 선두 그룹에서 더 힘차게 달리고 있다.

지난주에 고향에 가서 엄마를 뵈었을 때 걱정스러운 표정으로 "하는 일은 잘 되니?" 물으시던 엄마에게 "엄마 딸, 아주 완벽히 잘하고 있어요." 하며 자신 있게 대답했다. 그러고 나니 이렇게 대답할 수 있는 오늘이 있을 수 있었던 것이 지나온 수많은 나날들의 영업소 연인 덕분임이 떠오른다. 감사하고 또 감사드린다.

더 좋은 내일과 노후의 밑그림을 그리며 오늘도 하루를 힘차게 시작한다. 영업소 연인의 마음에도 희망의 설계도가 늘 준비되어 있기를, 식지 않는 에너지가 샘솟고 오늘도 좋은 일만 가득하시길 응원하고 기원해본다.

P.S.: 일 속의 연인께 보내드리는 목요일의 영업 이야기 72번째를 보내드립니다. 끝까지 읽어주심에 감사드립니다.

2016년 6월 16일 삼성카드 김영란 드림

딱 좋은 계절

아침저녁으로 선선한 바람이 상쾌하고 기분 좋은 요즘, 전국 유명한 산에 첫 단풍의 소식이 들리고 곳곳에서 예쁜 국화 축제가 한창이다. 10월도 중반을 향해 달리고 있고 영업소 내 연인도 나도 10월의 배에 승선해서 열심히 노를 젓고 있다.

'일하기 딱 좋은 날씨인데⋯. 여행하기 딱 좋은 날씨인데⋯.', 유행가 노래에 가사만 바꿔서 흥얼거리고 다니는데 영업소 연인이 질문하신다.

"무슨 노래예요?"

"날씨가 너무 좋아서 밖으로 다니기 좋다고 부르는 노래예요."

활동에 제한을 주었던 폭염이 지나고, 언제 그랬냐는 듯 최고의 날씨를 선물 받은 지금이 다니기에 좋은 시기인 것 같다. 이렇게 완연한 가을 날씨의 감동도 있지만, 일교차가 커서 감기 가능 지수가 '높음' 단계까지 올랐다는 뉴스도 있다.

오늘도 기분 좋은 바람과 가벼운 마음으로 하루를 시작하시길 바란다. 그리고 감기 조심, 운전 조심하시며 내 연인에게 기분 좋은 일 가득하시길 기원해본다.

P.S.: 일 속의 연인께 보내드리는 목요일의 영업 이야기 88번째를 보내드립니다. 끝까지 읽어주심에 감사드립니다.

2016년 10월 13일 삼성카드 김영란 드림

나의 하루

우렁찬 알람 소리에 부스스 눈을 뜨고 어둑한 창밖을 보며, 밖으로 나가기 위해 바쁘게 준비를 한다. 현관문을 나서면서 오늘 해야 할 일과 오늘 만날 연인들을 생각한다. 2년 가까이 매주 만나는 연인이지만 설레는 마음으로 달려간다.

경기 북부의 들판과 산과 아름다운 경치를 느낀다. 연인이 걸어주는 전화에 즐겁고 감사하며 신이 나서 신속하고 정확하게 일을 하려고 노력한다. 아직도 일부 연인의 이름과 얼굴을 매치시키며 익혀가고 있지만, 어제 본 듯 친숙해진 연인 한 분 한 분 만날 때마다 너무 반갑고 기분이 좋다. 부족한 나를 인정해주시고 키워주시는 영업소 연인이 있기에 오늘도 감사하며 더 힘차게 핸들을 돌린다.

엄마는 주중에는 일에 빠져 있고, 주말이면 자연에 빠져 있다고 말하는 막내 아이의 말에, 인정하듯 웃었다. 오늘도 온종일 연인 찾아 달리는 마음이 행복하다. 가을이 멋스럽게 익어가고 겨울이 웃으며 손짓하는 계절에 내 연인이 건강에 유의하시기 바라며, 오늘도 힘차게 하루를 시작하시길 응원해본다.

P.S.: 일 속의 연인께 보내드리는 목요일의 영업 이야기 92번째를 보내드립니다. 끝까지 읽어주심에 감사드립니다.

2016년 11월 10일 삼성카드 김영란 드림

설렘 편지 100번

　중학교 시절 선생님을 짝사랑하던 여학생이 있었다. 수줍어 말 못 하고 괜스레 선생님 앞을 서성이며, 혼자 하는 사랑이지만 마냥 행복했었다.

　중년이 된 2년 전 처음 일 속 연인께 편지를 보내며 또 부끄럽고 자신 없었지만, 시간이 지나서, 오늘 100번째 편지를 쓰고 있다. 아직도 매끄럽지 않은 편지가 창피하긴 하지만 부족한 대로 읽어주시는 연인이 있었기에 지금껏 용기 내어 쓰지 않았나 한다. 목요일 새벽이면 오늘도 바쁘게 움직이실 연인을 생각하며 컴퓨터 앞에 앉아 한 분 한 분이 잘 되었으면 하는 마음으로 편지를 썼다. 그렇게 설렘에 편지 쓰고 즐거운 마음으로 영업소에 찾아가며 많이 친숙해짐에 감사하고 행복했다. 나는 오늘도 내일도 변함없이 연인 향한 발길을 멈추지 않을 것이다.

지쳐갈 때 달콤한 설탕 같은 연인이 되어주시고, 탈진될 것 같을 때 소금 같은 연인이 되어주셨기에 안정된 자리에서 일할 수 있었다.

2017년 새해에는 하시는 모든 일이 잘 풀리시고 건강하시어 감사해야 할 일이 많이 생기시기를 응원하고 기원한다.

P.S.: 일 속 연인께 보내드리는 목요일의 영업 이야기 100번째를 보내드립니다. 끝까지 읽어주심에 감사드립니다.

2017년 1월 5일 삼성카드 김영란 드림

길

온 산이 진달래꽃으로 불타고 거리 거리에는 노란 개나리꽃과 벚꽃들
이 만발한, 완연한 꽃의 계절이다. 날씨도 좋고 시야도 좋고 연인도 나도
4월의 중반을 넘어선 길에서 열심히 걷고 있다.

오늘 새벽에 TV에서 험난한 길을 걸으며 꿈을 이룬 여행 작가의 이야
기를 보며 사람이 걷는 길에 대해 생각을 해봤다. 금수저로 태어나 평생
평탄한 길을 걷는 사람은 소수에 불과하다. 사람은 누구나 어려운 길을
걷게 된다. 돈 때문에 힘들 때도 있고 사람 때문에 힘들 때도 있다.

어제 영업소에서 입사한 지 몇 달 안 된 신입 연인을 만났다. 그 연인은

새로운 길을 걸으면서 내일의 불투명함에 오늘 걷는 길이 불안할 수 있다. 그러나 쉬지 않고 길을 걷는다면 비포장도로를 지나 평탄한 길은 꼭 온다. 그렇게 생각하는 희망을 잃지 않는 게 중요하다.

우리는 지금 어떤 길을 걷고 있을까?
미래에 꽃길을 걷기 위해 오늘의 땀을 투자한다.

오늘도 연인이 걷는 길에 땀의 열매가 주렁주렁 열리기를 바라며, 연인의 얼굴에 웃음이 떠나지 않는 행복한 날 되시기를 기원해본다.

P.S. : 일 속 연인께 보내드리는 목요일의 영업 이야기 214번째를 보내드립니다. 끝까지 읽어주심에 감사드립니다.

2019년 4월 18일 삼성카드, 국민카드 김영란 드림

5년의 여정

살포시 눈 내리는 모습을 보며 먹는 군고구마가 기다려지는 겨울이 깊어간다. 어느덧 2020년의 첫 달도 중반을 걷고 있다. 5년 전 1월 19일, 처음으로 연인들을 만나기 위해 발길을 뗴었다. 처음에는 전단을 놓고 조용히 인사만 하고 도망 나오기 바빴다. 그렇게 매주 하다 보니 한 달 두 달 시간이 흐르고, 한 분 두 분의 연인이 걱정스러운 말을 해주셨다.

"이렇게 다니셔도 다들 거래하는 분이 있어서 힘들 거예요."
"그렇게 말도 안 하고 가시면 언제 과자 값을 하시려고 해요?"

걱정하는 연인분들이 있다는 게 희망이라 생각했다. 활동비는 들어가고 수입은 없었지만, 최소 6개월은 수입이 없어도 인내심 있게 하다 보면 잘 될 거라는 확신이 있었다. 그렇게 눈이 오나 비가 오나, 매주 방문을 하며 인사를 하다 보니 플러스가 되었다.

지난 5년을 돌아보니 지금의 나를 있게 해주신 내 연인들에 대한 고마움이 가슴 깊이 느껴진다. 오늘도 내일도 나를 믿고 일을 맡겨주시는 내 연인께 감사하며 최대한 열심히 해야겠다.

요즘 일교차가 큰 날씨와 미세먼지 때문에 건강 관리에 신경을 써야 할 때이다. 오늘도 고마운 내 연인이 걷는 길에 기쁨과 보람의 양탄자가 깔리기를 기원하고 응원해본다.

P.S.: 일 속 연인께 보내드리는 목요일의 영업 이야기 251번째를 보내드립니다. 끝까지 읽어주심에 감사드립니다.

2020년 1월 16일 삼성카드, 국민카드, 우리카드 김영란 드림

6년, 그리고 300회

산과 들에는 하얀 눈이 덮여 있고, 몸은 추위가 엄습해서 웅크리며 다니는 한파의 가운데 와 있다. 추위에 적응하며 하루하루를 보내고 있다.

오늘은 연인에게 편지를 쓴 지 300번째 되는 날이다. 6년 전 지도를 보고 일주일에 한 번 방문하리라 생각하고, 영업소를 다니며 '목요일에 편지를 쓰자.'라는 생각을 하고 쓰기 시작한 것이 벌써 300회가 되었다.

삼성카드 할부를 시작하는 초창기를 거쳐서 국민카드 할부를 시작하며 보완하고 건의하고 함께 걸어온 것 같다. 그러는 과정에서 실수도 있었고, 난처하고 어려운 일들이 많았지만, 믿고 맡겨주신 연인이 있기에 오늘의 내가 있다고 생각하니 더더욱 내 연인께 고마운 마음이 든다.

살면서 끝없이 새로운 숙제를 풀어야 하는 것 같다. 오늘 어려운 숙제를 풀었어도 내일 또 다른 숙제가 주어질 것이다. 『나는 언제나 ING』라는 책에서 저자는 성공이란, 인생을 행복하게 즐기는 것이라고 말한다. 지난 6년간 일을 하면서 처음에는 희망과 확신으로 즐겁게 일을 했고, 시간이 지나면서 일이 늘어나면서 매일 감사하는 마음으로 즐겁게 일을 했다. 때론 쉽게 풀리지 않는 실타래를 풀며 힘들 때도 있었지만, "이 또한 지나가리라."라는 문구를 생각하며 힘을 내곤 했다.

지난 6년간 저를 믿고 맡겨주신 내 연인께 다시 한번 감사드리며, 주절주절 내용이 알차지 못한 제 편지를 읽어주심에도 감사드린다. 앞으로도 변함없이 앞을 향해 열심히 걷는 모습 보여드리도록 하겠다.

오늘도 새롭게 주어지는 숙제 앞에서 움직이실 연인이 추위와 코로나를 이기시기를, 안전 운전하시고 웃는 일 많이 생기는 하루 보내시기를 기원하고 응원해본다.

P.S.: 일 속 연인께 보내드리는 목요일의 영업 이야기 300번째를 보내드립니다. 끝까지 읽어주심에 감사드립니다.

2021년 1월 14일 삼성카드, 국민카드, 우리카드 김영란 드림

표정 있는 목소리

한 해의 절반이 지나고 본격적인 여름으로 접어드는 7월이 시작되었다. 어제와 오늘이 다를 바 없는데 시간은 쏜살같이 달려가고 우리는 세월 가는 것을 아쉬워하곤 한다.

엊그제는 연인 한 분이 본인의 목소리가 어떤지, 고객님이 전화를 받을 때 어떨지 궁금하다고 하셨다. 영업하면서 특히나 코로나 시기에는 비대면으로 하는 일이 많아 목소리가 중요하다. 전화 목소리를 들으면 상대의 상태가 어떤지 대략 느낄 수가 있다. 그래서 중요한 전화를 받을 때면 자세를 바로 하여 받곤 한다.

예전에 편지 공모로 우리 부부는 라디오 생방송 출연을 한 적이 있는데, 그때 녹음한 것을 들어보고 나의 목소리가 예쁘지 않다는 것을 알았다. 그 후로 목소리가 예쁜 사람들을 부러워했었다. 지금은 일을 하면서 온종일 통화를 하는데, 차분하게 마음먹고 고객님께 목소리 톤을 크게 하지 않고 통화를 하면 괜찮은 것 같다. 그러나 마음이 바쁘거나 친한 연인에게 흥분한 상태로 통화하면 목소리가 울퉁불퉁 예쁘게 나오지 않는다는 것이 느껴진다.

아침마다 집을 나서 운전을 하고 영업소를 향해 달리면서 "아아!" 발성 연습으로 목소리를 내본다. 어떤 아침은 목소리가 부드럽고, 어떤 때는 목이 안 좋아 헛기침을 하며 목소리를 가다듬는다. 연인분의 질문이 나의 목소리를 점검하고 돌아보는 중요한 계기가 되어주었다.

오늘도 많은 고객님과 통화하실 연인이 신뢰 가는 목소리로 고객님의 마음에 감동을 주시길 바라며, 기분 좋게 7월 시작하시기를 기원해본다.

P.S.: 일 속 연인께 보내드리는 목요일의 영업 이야기 323번째를 보내드립니다. 끝까지 읽어주심에 감사드립니다.

2021년 7월 1일 삼성카드, 국민카드, 우리카드 김영란 드림

더 12박 12일 자부하게 해준다.

인 찾아 영업소 10박 12일 했다. 당장하던 연인이 "저 오늘 우울해요."
고객과 네 번이나 상담했는데 계약을 못 했다고 한다. 영업은
좋았다. 다른 영업소를 10박 12일 했더니 또 다른 연인이 "진정한 영업인은
남자와 여자를 넘나드는 유연성 있는 오묘함이 있어야 영업

오늘도 영업인으로서 성숙해지고 있다. 내 연인도
이 많장 힘들고 어려울지 올라도 결국 도착하게 되어 있다. 아무리
결국 정상은 존재한다. 새로운 내일은 누구에게나 공평하게 주

더 연인들의 5일이 더더욱 행복하길 기원해본다.

PART 4

한 번 더
인내하도록
도와준
영업 편지

희망찬 춘삼월을 맞이할 내 연인께

긴 연휴를 뒤로하고 다시 일상으로 돌아왔다. 연인을 만나야겠다는 마음 하나로 영업소 방문을 한 지 한 달이 넘었다. 내비게이션의 도움으로 다니던 영업소 찾기도 매우 익숙해졌고 일 속 연인들의 모습도 친숙해져 가고 있다. 차창 밖의 풍경도 조금씩 감상하는 여유가 생기고 있다.

연인과 만남으로 새로운 한 주를 시작하니 명절의 공백을 보낸 뒤라 그런지 더 반가웠다. 적지 않은 부담을 주는 명절과, 짧은 시간 탓에 2월 영업이 힘들었던 내 연인들도 다시 재정비하는 듯 월요일 아침부터 분주했다. 월요일 두 번째 방문하는 영업소에서 고객을 만나러 가기 위해 준비를 하던 연인이 한마디 해주신다.

"제가 일을 드리는 기준은 성실히 하시는 분입니다. 한두 달에 한 번 오시는 분을 드리겠어요? 열심히 다니시는 분을 드리게 되는 겁니다."

'그래, 바로 그거야. 열심히 일하고 신속하게 성심껏 일 처리를 해드린다면 나에 대한 신뢰가 생기는 게 아닐까?' 오랜 경험을 가진 연인들의 말 한마디에 영업 공부가 쌓여가는 뿌듯함을 느낀다.

2월의 마지막 주를 보내며 더 기분 좋게 연인들의 한 달이 잘 마무리되시길 바란다. 곧 파릇파릇한 새싹이 나올 것 같은 성급한 생각에 왠지 기분이 좋아진다. 꽃 피는 춘삼월을 앞두고 내 연인도 나도 좋은 일이 많이 생길 것 같은 예감을 안고 다시 달려본다.

제 일 속의 연인께 네 번째 목요일의 영업 이야기를 보냅니다.
끝까지 읽어주셔서 감사합니다~

2015년 2월 26일 삼성카드 김영란 드림

이 봄을 버무리고 싶은 사랑

마지막 돌아서기가 못내 아쉬운지 꽃샘추위가 심술을 부리고 있다. 산에는 벌써 노란 생강꽃이 선을 보였고 나뭇가지 끝에는 겨우내 준비하고 있던 겨울눈이 새싹을 틔우려 하고 있다. 그렇게 봄은 우리 깊숙이 스며들어 야릇한 설렘을 준다.

'영업을 하면 한 달이 금세 간다'는 말을 증명이라도 해주듯 벌써 마지막 주를 달리고 있다. 3월 초에 세웠던 목표의 마무리를 하느라 마음이 바빠진다. 시작과 마감을 반복하는 영업이 힘들지만 그래서 더 활기차게 사는 게 아닐까 싶다.

오랜만에 미세먼지가 걷혀 시야가 트인 상쾌함으로 하루를 시작했다. 영업소 방문을 해서 커피 한잔 마시는데 질문을 해오는 연인이 있었다.

"일을 사랑하세요? 일도 식물도 동물도 사람도 나의 직업도 사랑해야 모든 게 잘되지 않을까요?"

그렇다. 우리는 보통 사랑이라고 하면 크게 부모와 자식, 남녀의 사랑만을 생각할 수가 있다. 그러나 연인의 말대로 모든 것을 사랑의 눈으로 본다면 눈에 두터운 사랑의 안경이 생길 것 같다. 온종일 연인을 찾아다니는 나에게 친구가 되어주고, 내 희로애락을 품어주는 작지만 마음 넓은 나만의 공간인 작은 차가 문득 고맙고 사랑스럽다.

날은 풀렸는데 경기는 안 풀렸다고 걱정하시는 연인들이 봄 되면 피는 꽃처럼 영업 꽃이 활짝 피어나 함박웃음 짓는 3월의 마무리를 했으면 하는 바람이다. 메마르지 않고 사랑이 촉촉한 마음으로 오늘도 하루를 보내며 행복 충만한 봄을 맞기를 바란다.

P.S.: 일 속의 연인께 목요일의 영업 이야기 여덟 번째를 보내 드립니다. 끝까지 읽어주심에 감사드립니다.

2015년 3월 26일 삼성카드 김영란 드림

한 평 남짓의 희망 공간

연녹색 새싹들과 예쁜 꽃들이 마음껏 자태를 뽐내는 아름다운 4월이다. 적당한 봄바람과 원색의 꽃들이 친구가 되어주니 내 마음에 날개를 달은 듯 연인 찾는 발걸음이 마냥 가볍다.

3개월 동안 정해진 요일에 빠짐없이 영업소 방문을 하다 보니 연인들과 자연스럽게 차 한 잔 마시는 여유도 생겼다. "차가 팔려야 연락을 드리는데." 하며 안타까운 듯 희망을 주시는 연인도 있고 다니는 만큼 실적이 오르는지 궁금하다며 걱정을 해주시는 연인도 있다.

진심 어린 연인의 말이 내 마음에 들어와 풍선처럼 부풀면 나는 차에 돌아와 혼자 히죽히죽 웃으며 중얼거린다. "그래, 계속 열심히 하면 잘

될 수밖에 없을 거야." 그렇게 한 평 남짓한 차 안에서 혼잣말로 중얼거리며 희망을 품는다.

밖으로 다니며 영업을 하는 사람들은 차 안에서 많은 일을 하게 된다. 신차를 판매하는 연인도, 차 판매가 잘 되길 바라는 나도, 이동식 사무실에서 혼자 보내는 시간이 많다. 외로울 땐 보듬어 안아주고 피곤할 때는 휴식 공간으로 내어주고 기쁠 때는 같이 기뻐하며 작은 공간 안에 희로애락이 조청처럼 걸쭉하게 버무려진다.

내 연인들이 있는 경기 북부 지역의 산과 들이 나날이 예쁜 모습으로 변하고 있다. 영업소를 돌아다니다 식당 밥이 싫어 싸 온 도시락을 먹으려고 산을 등진 들판에 차를 세우고 음악을 틀어놓고 도시락을 먹으니 참새가 날아와 반갑다고 짹짹 열심히 인사를 한다. 소풍 온 기분이 들어 새롭고 신선하다.

오늘도 그렇게 작은 공간 안에서 희망을 품으며 연인을 찾아 행복하게 달린다. 자칫 몸이 나른해질 수 있는 이 봄, 내 연인에게 건강과 더불어 만족할 만한 결실이 있기를 바라며 봄이라는 비행기를 타고 열심히 날갯짓을 해본다.

P.S.: 일 속의 연인께 보내는 목요일의 영업 이야기 열 번째를 보내드립니다. 끝까지 읽어주심에 감사드립니다.
2015년 4월 9일 삼성카드 김영란 드림

비 오는 날의 오후

이틀간 때이른 더위가 오더니 촉촉한 비가 내려 마음을 차분하게 해준다. 온종일 비는 감질나게 오락가락하고 한 달을 마감하면서 좋은 일 나쁜 일이, 빗물이 흘러 강으로 가듯 과거로 묻힌다.

비 오는 수요일, 연인 찾아 영업소 방문을 했다. 당직하던 연인이 "저 오늘 우울해요."라고 하신다. "왜요?"라고 물으니 같은 고객과 네 번이나 상담했는데 계약을 못 했다고 한다. 영업은 역시 끝없는 인내를 요구하는 일인 듯하다. 다른 영업소를 방문했더니 또 다른 연인이 "진정한 영업인은 성별이 중성이 되어야 한다."라고 하신다. 남자와 여자를 넘나드는 유연성 있는 오묘함이 있어야 영업을 잘한다고 했다.

오랜 경험이 있는 연인들의 노하우를 들으며 나는 오늘도 영업인으로서 성숙해지고 있다. 내 연인도 나도 앞을 향해 달리고 있다. 그 길이 당장 힘들고 어려울지 몰라도 결국 도착하게 되어 있다. 아무리 험한 산이라고 할지라도 가다 보면 결국 정상은 존재한다. 새로운 내일은 누구에게나 공평하게 주어지고 우린 각자의 멋진 공연을 준비한다.

촉촉한 비와 함께 차분히 4월을 마무리하며 연인들의 5월이 더더욱 행복하길 기원해본다.

P.S.: 일 속 연인께 보내는 목요일의 영업 이야기 13번째를 보내드립니다. 끝까지 읽어주심에 감사드립니다.

2015년 4월 30일 삼성카드 김영란 드림

행복을 주는 접점

한낮의 더위와 아침저녁의 선선함으로 일교차가 큰 날씨가 이어진다. 건강 관리에 신경 써야 하는 5월의 셋째 주를 보내고 있다. 나무도 꽃도 연인 찾아다니는 발걸음에 날개를 달아주는 듯 예쁜 몸짓으로 봄바람에 춤을 춘다. 그 고마운 자연을 보니 내 하루의 시작이 행복하다.

4개월을 방문한 영업소에서 한 번도 뵙지 못했던 연인을 만나 처음으로 인사를 하니 연인이 하시는 말씀이 '인연의 접점은 다 다른 것이다. 오늘 만나서 이야기를 나눈 것이 곧 인연의 접점이 된 것이다.' 하신다. 인연의 접점이라는 게 쉬우면서도 어려운 것 같다. 사랑하는 연인끼리 불꽃이 튀기는 순간이 연인 간에 접점이 될 것이고, 영업을 하면서 상대를 신뢰하고 공감대가 형성되었을 때가 영업의 접점이 될 것이다.

　한낮 영업소 방문을 했을 때 자리에 있던 연인이 물어오셨다. "요즘 일이 어떠세요?" 내가 "저는 조금씩 한 계단씩 올라가고 있습니다."라고 대답하니 "가정의 달이라서 돈 쓸 때가 많아서인지 차량 판매가 많이 되지 않아서 걱정이에요."라고 하신다.

　잔인한 계절 4월이 지나면 괜찮아지려나 생각했는데 5월은 행사가 많은 달이고 이런저런 이유로 어려운 모양이다. 그러나 열심히 성실히 한다면 우리에게 행복을 주는 접점은 수시로 선물처럼 다가오지 않을까?

　오늘도 유쾌, 상쾌, 통쾌한 하루가 되시길, 바라며 야외로 나가는 행락철을 앞두고 실적도 쑥쑥 올라가서 행복 가득하시길 진심으로 빌어본다.

　P.S.: 일 속의 연인께 보내는 목요일의 영업 이야기 16번째를 보내드립니다. 끝까지 읽어주심에 감사드립니다.

　2015년 5월 21일 삼성카드 김영란 드림

자신을 사랑하는 법

앙칼지게 내리는 새벽 소나기가 며칠째 이어지는 폭염을 진정시킬 것 같아 마음 시원한 하루를 시작한다. 잘 흘러가던 물이 웅덩이를 만나 수로를 잠시 잃은 듯, 개별소비세 마감으로 영업소도 대체로 조용하고 그에 파생되는 여러 업체도 조용히 숨을 고르고 있다.

당직하시던 연인 한 분이 이달 영업 실적이 하나도 없어서 걱정이라며 말을 시작했다. 매월 마감하지만 이럴 때면 영업에 자신이 없어진다고 하신다. 너 나 할 것 없이 자신이 하는 일에 후회하지만 스스로 잘했다고 토닥여주는 일은 드문 것 같다.

〈행복 선택의 기술〉이라는 책을 보면 자신을 사랑하고, 칭찬하고, 자신을 인정해야 한다고 한다. 자신을 사랑하는 방법으로 나에 대한 칭찬 일기를 쓰는 것도 많이 권유되고 있다.

성실하게 걷는 발걸음을 멈추지 않는 한, 꼭 대가가 주어질 것으로 생각한다. 오늘도 연인이 걷는 길 앞에 좋은 일로 가득하시길 기원하며 더 위에 지치지 않고 힘차게 직진하시길 응원해본다.

P.S.: 일 속의 연인께 보내드리는 목요일의 영업 이야기 76번째를 보내드립니다. 끝까지 읽어주심에 감사드립니다.

2016년 7월 14일 삼성카드 김영란 드림

올림픽

　막바지 더위가 고개를 숙이지 않고 물러서기 싫어 안간힘을 쓰고 있고, 들판의 벼들은 알알이 익어가며 가을로 손짓하고 있다. 들판에 곡식과 과일들이 뜨거운 햇볕을 받으며 익어가고 있는 이때, 태극기를 가슴에 달고 올림픽에 참가한 우리 선수들은 오랜 기간 피땀 흘려 준비해온 기량을 발휘하기 위해 해외에서 힘껏 뛰고 있다. 경기 결과에 따라 행복한 감동의 눈물과 쓰디쓴 아픔의 눈물이 교차하면서 중계를 보는 마음도 감동받기도 하고 아프기도 하다.

　선수단에서 내놓았던 올림픽 전체 메달 순위 10위 안에 들겠다는 목표. 하지만 그 목표에 도달하는 과정보다는 결과를 중점적으로 보도하는 언론, 메달에 집착하는 대중들. 전 세계인의 축제인 올림픽을 오로지 경쟁의 장으로밖에 보지 않는 시선이 안타까울 따름이다.

고객에게 차 한 대를 판매해서 등록하기까지의 과정에서 치밀어 오르는 화를 참아가며 시종일관 친절하게 마무리하는 영업소 연인의 수고에도 수많은 변수와 각양각색인 고객의 성향에 따른 정신적인 어려움이 많을 것이다.

해외에서 뛰는 우리 선수들, 마무리까지 맘껏 펼치고 건강하게 돌아오길 바란다. 또한 무더위에 수고하시는 연인의 오늘도 행복하고 보람찬 행진이 되기를 힘차게 응원하고 기원해본다.

P.S.: 일 속의 연인께 보내드리는 목요일의 영업 이야기 81번째를 보내드립니다. 끝까지 읽어주심에 감사드립니다.

2016년 8월 18일 삼성카드 김영란 드림

자기감정 억제

새로운 다짐으로 시작했던 1월도 중반을 넘어가고, 영업소 연인들도 나도 바쁜 움직임 속에 하루하루가 가고 있다.

어제 영업소 방문을 했을 때 연인이 최근에 감정 조절이 안 되고 자주 짜증을 내는 자신을 느낀다고 이야기를 꺼내셨다. "제 마음이 여유롭지 못해서일까요?" 하며 질문을 하신다. "저도 욱하는 경향이 있었는데 언젠가 지인 한 분이 말을 하거나 화를 낼 때 늘 한 박자 늦게 하라고 한 적이 있어서, 그 말을 적용했더니 조금 달라진 것 같아요."라며 내 경험도 이야기했다.

모든 일에는 그럴 만한 사정이 다 있는 것이다. 이 세상의 현명한 사람은 모든 사람에게 배우는 사람이며, 가장 사랑받는 사람은 모든 사람을 칭찬하는 사람이며, 가장 강한 사람은 자기의 감정을 이길 줄 아는 사람이다. 바쁜 일정 속에서 마음에 여유를 한 아름 품고 오늘은 만나는 모든 분께 칭찬 한 가지씩 하시면 어떨까?

감기가 기승을 부리는 계절에 건강 관리 잘 하시고 연인이 걷는 길마다 행복과 웃음이 가득하길 오늘도 기원하고 응원해본다.

P.S.: 일 속의 연인께 보내드리는 목요일의 영업 이야기 102번째를 보내드립니다. 끝까지 읽어주심에 감사드립니다.

2017년 1월 19일 삼성카드 김영란 드림

끈기

화려한 꽃들의 향연이 가는 곳마다 사람들의 감탄을 자아낸다. 기분
좋게 출발하는 4월의 시작이다.

어제 한 연인이 영업 20여 년간의 일을 잠깐 이야기해주셨다. 제일 힘
들고 자신 없어서 멈추고 싶을 때가 조회 후 갈 곳이 없어서 사무실에서
커피 마시고 눈치 보며 어슬렁거리다가 집으로 퇴근할 때라고 한다. 어
디든 꾸준히 다니면 된다는 것은 알면서도 잘 안 되는 일이었다고 한다.
그러나 '늦었다고 생각할 때 시작하면 된다'는 마음으로 한 지역을 꾸준
히 다닌 결과 지금은 이렇게 옛이야기를 할 수 있다고 한다. 그때 간절함

을 잊고 현재에 감사하지 않았던 것을 반성하지만 그런 끈기가 있었기에 오늘이 있다고 한다. 이렇게 매일매일 영업소를 다니면서 영업 선배님들의 조언이나 경험을 들으면서 다시금 나 자신을 돌아보고 배우게 된다.

"승리는 천재가 하는 것도 앞서가는 사람이 하는 것도 아니다. 결국, 승리는 끈기 있는 사람이 쟁취한다."

내리는 봄비에 온 식물들은 감사하는 날이다. 빗길 안전 운전하시고, 아름다운 끈기에 큰 보람을 기약하는 멋진 날 되시기를 기원하고 응원해 본다.

P.S.: 일 속 연인께 보내드리는 목요일의 영업 이야기 161번째를 보내드립니다. 끝까지 읽어주심에 감사드립니다.

2018년 4월 5일 삼성, 국민카드 김영란 드림

땅 밭과 마음 밭

반가운 비와 따스한 햇볕이 파종 시기에 적절한 환경을 맞춰주고 땅을 다듬어 주는, 씨앗과 모종을 심는 희망의 5월이다.

지난 주말 동생과 함께 주말농장에 희망을 심었다. 고추와 상추, 오이, 가지 등 온갖 채소를 심으며 풀 뽑는 게 어려울까 봐 고추밭에는 비닐까지 씌웠다. 구슬땀을 흘리며 땅을 다듬고 밭고랑을 만들고 여러 가지 모종을 심으면서 예전에 아버지가 하시던 말씀이 생각났다. "땅은 거짓말 안 한다." 정성 들여 심고 가꾸면 결실은 오는 것이라고 하셨다.

땅에 농작물을 심는 것도, 고객을 만나서 고객 마음에 믿음과 신뢰를 심는 것도 어쩌면 목적은 똑같이 희망이라 생각한다. 희망은 언제나 다시 일어설 힘을 주는 귀한 단어이다.

비가 온 뒤 쌀쌀해진 날씨에 오늘도 감기 조심하시고, 고객 마음에 심은 희망이 예쁘게 싹트는 행복한 날 되시기를 기원해본다.

P.S.: 일 속 연인께 보내드리는 목요일의 영업 이야기 165번째를 보내드립니다. 끝까지 읽어주심에 감사드립니다.

2018년 5월 3일 삼성, 국민카드 김영란 드림

긍정 에너지

며칠간의 카드대란으로 흐르던 물이 잠깐 수로를 잃어버린 듯 멈칫하
다가 메이커와 카드사와의 협상으로 다시 제자리로 돌아왔다. 그렇게 시
간은 유유히 흐르고 이런저런 일들이 우리 인생의 한자리를 차지하다가
사라지며 과거가 되어 뒷모습을 보이는 것 같다.

엊그제는 카드대란으로 시간이 많아 전시장에 당직하던 연인과 한참
동안 대화를 했었다. 일하면서 겪었던 일들을 들으니 공감하며 고개를
끄덕이게 되었다. 하루 일정을 정해놓고 고객님을 만났는데, 온갖 개인
사 이야기를 하실 때 싫은 내색하지 않고 들어주는 것도 영업의 일종이

어서 다 들어드린 후에는 다음 약속 고객님한테 늦지 않으려고 과속으로 운전하며 급하게 달려갔다고 하셨다. 그런데 고객님이 일방적으로 급한 일이 생겼다며 다음에 보자고 했다는 것이다. 일하다 보면 종종 겪는 일이지만 고객님을 다 껴안으려고 하다 보면 본인 자신만 힘들어진다고 한다. 최선을 다해 관리해도 배신을 당하는 경우가 있기에 세상에 영원한 내 편도 없고 영원한 남의 편도 없다는 것을 실감한다고 한다. 결론은 고객님은 영원한 왕이고 신이기 때문에, 내 뜻과 같이 안 되어도 스스로의 에너지를 긍정의 에너지로 바꾸어 나를 다스리고 위로하고 힘을 주는 것이 최선인 것 같다고 했다.

기온은 떨어졌지만 상쾌한 하루를 시작하면서 내 연인 모든 분이 긍정 에너지로 즐겁게 힘차게 일정을 소화할 수 있기를 응원하고 기원해본다.

P.S.: 일 속 연인께 보내드리는 목요일의 영업 이야기 209번째를 보내드립니다. 끝까지 읽어주셔서 감사드립니다.

2019년 3월 14일 삼성카드, 국민카드 김영란 드림

온라인 얼굴

조석으로는 쌀쌀한 날씨에 외투의 깃을 세우게 되고 한낮에는 거리마다 보이는 예쁜 꽃과 비 온 뒤 맑은 공기 때문에 여유로운 외부 활동을 할 수 있어서 좋다.

어제 연인 한 분이 전화를 주셨는데 최근에 고객님 본인이 동호회에서 캐시백, 할부를 알아서 하겠다고 했다며, 두 건이나 뺏겼다고 하셨다. 그러면서 점점 심각해지고 있다고 걱정을 하셨다. 예전이나 지금이나 내 연인도 나도 똑같이 일하는데 고객님은 하루가 다르게 달라지고 있다. 얼굴 마주 보며 "알아서 잘해주세요."라고 하던 정 있는 아버지 고객들이 나이가 들면서 아들 고객들은 처음부터 열까지 인터넷을 검색하고 비교하고 동호회에 들어서 세세한 것까지 정보를 공유하다 보니 점점 힘들어지는 것 같다.

동호회는 취미 생활을 위해 만들어지는 모임인데, 최근 들어 차를 사기 전 각 차종의 동호회에 가입해서 정보를 주고받는 것을 자주 볼 수가 있다. 모든 것이 오프라인으로 이루어지던 시대의 따뜻함이 점점 사라지고, 온라인이 발달하면서 점점 빡빡해지고 있는 것을 실감하게 된다.

온라인의 발전이 앞으로도 가속화될 것이라면 어떻게 해야 할까? 그래도 최선의 방법은 고객과의 신뢰를 더 쌓고 마음에서 마음으로 움직이는 방법뿐이라고 연인분이 이야기하시기도 했다.

오늘도 내 연인이 안전 운전하시고 고객님께 두터운 신뢰를 받으며 보람 있는 하루 보내시길 응원하고 기원해본다.

P.S.: 일 속 연인께 보내드리는 목요일의 영업 이야기 213번째를 보내드립니다. 끝까지 읽어주심에 감사드립니다.

2019년 4월 11일 삼성카드, 국민카드 김영란 드림

경기 불황

맑은 햇살과 푸르른 산야. 밖으로 나가면 기분 좋게 해주는 요즈음이 활동하기 딱 좋다. 5월도 중반을 넘어서고 또 한 달의 마무리를 위해 오늘도 바쁘게 움직인다.

어제 오후에 모바일 약정 때문에 제조업 공장을 방문했다. 두 부부가 일하고 있었는데 경기가 너무 안 좋아서 직원을 계속 줄이다가 이제 두 분이 일하신다고 하셨다. 업무에 필요하니까 차는 사는데 너무 어렵다면서 다녀보면 좀 어떠냐고 물으셨다. 나는 많은 분들이 그렇게 말씀을 하시지만, 앞으로는 좋아질 것이라고 말씀드리고 돌아왔다. 일부 영업소 연인도 이달에 점을 못 찍었다고 하시고, 내가 하는 업종도 전반적으로 최악의 실적이다. 그럴 때는 자신을 되돌아보며 생각하게 된다. 내가 무엇을 잘못하고 있는 것일까? 아니면 경기 탓일까?

일이 너무 안 된다는 연인과 대화하면서 이 어려움이 오래 머무는 구름이 아니고 지나가는 구름이라 생각하자고 마음을 토닥였다. "이 또한 지나가리라." 생각하며 다시 마음으로 파이팅을 외쳤다.

경기 불황의 구름 아래에서 침체한 연인은 다시 살아나시고, 잘 되시는 연인은 더 잘 되시기를 기원하며 오늘도 힘차게 하루를 시작하시길 응원해본다.

P.S.: 일 속 연인께 보내드리는 목요일의 영업 이야기 219번째를 보내드립니다. 끝까지 읽어주심에 감사드립니다.

2019년 5월 23일 삼성카드, 국민카드 김영란 드림

봄을 부르는 희망 비

밤새 내리던 비는 그치고 포근한 아침이다. 여기저기 단단한 얼음이 녹고, 나무들은 새싹을 틔우기 위해 땅속의 뿌리부터 힘을 쓰고 있을 것이다.

어제 영업소에 방문했는데 연인 한 분이 차가 빨리 안 나오고 여러 번 미루어지니까 고객이 믿을 수가 없다며 심하게 화를 냈다고 한다. 자신이 잘못한 건 아니지만 정말 난감하고 속상한 일이다. 코로나로 인해 순조롭게 돌아가지 못하는 경제와 회사의 흐름이 답답하고 걱정이 아닐 수 없을 것이다. 그러나 이 시간에도 코로나를 위해 모두가 방역에 힘쓰고,

전문가들은 의약을 개발하고, 회사의 빠른 제품 생산을 위해 많은 이들이 노심초사하며 노력하고 있을 것이다.

봄을 부르는 희망 비를 맞으며 나무가 보이지 않는 땅속에서 봄을 준비하듯, 코로나도 모든 사람의 노력에 잠잠해져서 경제가 잘 돌아가기를 간절히 바랄 뿐이다.

비는 그쳤지만 미세먼지가 많다고 하는 오늘도, 연인의 건강을 위해 마스크 꼭 쓰시고, 코로나 이기고 미세먼지 이기고 경제 이기는 마음으로 하루 시작하시기를 기원해본다.

P.S.: 일 속 연인께 보내드리는 목요일의 영업 이야기 255번째를 보내드립니다. 끝까지 읽어주심에 감사드립니다.

2020년 2월 13일 삼성카드, 국민카드, 우리카드 김영란 드림

숨 고르기

더위를 식혀주는 비가 지나가고 오늘부터는 다시 더위가 시작된다고 한다. 어제는 전반기를 마치고 후반기를 시작하면서 전체적으로 숨 고르기를 하는 느낌이었다. 각자 바쁘게 달려온 6개월을 마무리하고 후반기 7월을 시작하면서 마음을 다잡을 것으로 생각한다.

어제 연인 한 분이 "저는 자동차 영업을 25년 했는데 매달 신입처럼 생소하고 앞이 안 보여요."라고 말씀하신다. 영업은 장거리 마라톤과 같다. 저번 달에 잘한 건 이미 과거가 되고, 마감과 시작을 반복한다. 꾸준한 실적이 필요하기에 힘들고도 매력 있는 직업이다. 차 한 대를 판매하기 위해서 얼마나 많은 일을 처리해야 하는지 알기에 오랜 기간 일하고 있 연인들을 보면 대단하고 존경스러운 마음이 든다. 그래서 일을 주실 때 한 건 한 건 더 소중하게 잘 처리해야 한다고 생각하게 된다.

후반기를 시작하면서, 어제보다 나은 오늘을 위해 물 주고 정성 들여 가꾼 나무에 열매가 주렁주렁 열리는 행복이 함께하시기를 응원해본다.

P.S.: 일 속 연인께 보내드리는 목요일의 영업 이야기 275번째를 보내드립니다. 끝까지 읽어주심에 감사드립니다.

2020년 7월 2일 삼성카드, 국민카드, 우리카드 김영란 드림

마음의 평정심

거리에 낙엽이 뒹굴고 나무는 앙상한 가지를 보이는 이 계절에 우리는 쓸쓸함을 느끼기도 하고 다가오는 연말을 생각하면서 한 해를 돌아보기도 한다. 또한 아쉬운 마음으로 돌아보기도 하고 자신의 수고함을 자화자찬하기도 한다.

어제는 영업소를 방문해서 연인과 이야기를 하는데, 지인한테 소개받은 고객님 중에 말을 너무 무례하게 해서 상처를 심하게 받아 참기가 힘들었다고 한다. 그 고객은 상대방이 상처를 받는 줄도 모르고 사용하지 않아야 할 단어를 남발해서 99% 계약을 안 하고 싶었는데, 1% 마음의 평정심을 찾고 자신을 다스려서 계약했다고 한다.

사람은 자라온 환경과 성품을 살면서 바꾸기가 힘든 것 같다. 어른이 된 사람에게 누군가가 이야기를 해준다고 해서 바뀌는 힘들다. 무례한 사람이라도 '이 사람은 이렇구나.' 하며 상대방을 인정하는 것이 정신건강에 좋을 것 같다.

세상은 좋은 사람들이 훨씬 많아서 살 만하다. 극소수의 사람들로 인해 상처받고 마음이 힘든 일이 있지만, 그 또한, 영업하면서 필수적으로 뛰어넘어야 할 벽이라고 생각한다.

일교차가 큰 날씨가 이어지고 있다. 오늘도 일정을 소화하면서 건강관리 잘 하시고, 예쁜 말을 주고받는 좋은 고객님 만나서 좋은 일 많이 생기는 하루 보내시기를 기원해본다.

P.S.: 일 속 연인께 보내드리는 목요일의 영업 이야기 291번째를 보내드립니다. 끝까지 읽어주심에 감사드립니다.

2020년 11월 12일 삼성카드, 국민카드, 우리카드 김영란 드림

두 번 오는 하루는 없다

　본격적인 추위와 함께 올해의 마지막 달도 어느새 반이 넘어갔다. 다른 해 같으면 크리스마스 장식에 캐럴까지 거리가 들썩이며 사람들의 마음도 들떠 있을 텐데, 올해는 코로나로 인해 우리나라뿐 아니라 세계가 숨죽이며 코로나 방어에 힘쓰고 있다.

　이번 주는 영업소를 다니며 정년으로 퇴임하시는 연인들에게 작은 선물과 편지를 드리고 있는데, 퇴직하는 한 연인은 오늘이 올 줄 까마득하게 몰랐다며 최근 실감을 하게 되면서 뒤를 돌아보기도 하고 앞으로 어떻게 해야 할지 생각이 많다고 하신다. 그리고 다음과 같은 말씀을 해주셨다.

"두 번 오는 하루는 없습니다. 반복되는 하루 같지만 같은 날은 단 한 번도 없습니다. 오늘 하루를 아낌없이 사랑하고 후회 없이 살아가고 즐겁고 행복하게 쓰시길 바랍니다."

오늘이 소중하다는 생각은 하면서도 실감을 하지 못했다. 그런데 우리가 흔히 써버리는 오늘이 어떤 이에게는 간절한 하루가 될 수 있다고 생각하니 다시 한 번 깊게 마음에 와닿는 것 같다.

코로나로 인해 억누르고 제재하는 것이 많아서 힘든 시기이지만, 그 안에서 오늘을 소중하게 쓰시길 바라며 오늘도 건강 또 건강하시길 기원해본다.

P.S.: 일 속 연인께 보내드리는 목요일의 영업 이야기 296번째를 보내드립니다. 끝까지 읽어주심에 감사드립니다.

2020년 12월 17일 삼성카드, 국민카드, 우리카드 김영란 드림

절기 우수의 추위

온화한 날씨의 명절 연휴와 입춘이 지나 이제는 큰 추위는 없겠다고 방심하고 있는 사이에 혹한이 찾아왔다. 오늘은 절기 중에 우수이다. 우수는 눈이 녹아서 비가 된다는 뜻인데, 뒤돌아서기가 아쉬운 겨울이 며칠 동안 작별 인사를 하는 듯하다. 겨울을 보내주는 마음으로 마지막 추위를 잘 견뎌야겠다.

어제는 연인 한 분이 올해 들어 너무 영업이 안된다고 하시면서, 코로나만 아니면 많은 사람을 만날 텐데 찾아가는 것도 부담 가질 것 같아서 SNS나 전화로 비대면 영업을 하기가 쉽지 않다고 하시더니 "그래도 저는 ING입니다."라고 하시며 웃음을 보이신다.

시간이 지나 우수와 경칩을 보내고, 추위도 물러가고, 코로나도 점점 사라졌으면 하는 간절한 주문을 걸고 싶다. 코로나가 잠잠해지고 백신 맞고 여기저기 훨훨 마음껏 다닐 수 있는 날이 빨리 오기를 고대하는 것이 우리들의 공통된 마음일 것이다.

오늘 기온이 낮다고 한다. 오늘도 일정 속에 움직이실 내 연인이 감기 조심하시고, 안전 운전하시며, 보람된 하루 보내시기를 힘껏 응원해본다.

P.S.: 일 속 연인께 보내드리는 목요일의 영업 이야기 304번째를 보내드립니다. 끝까지 읽어주심에 감사드립니다.

2021년 2월 18일 삼성카드, 국민카드, 우리카드 김영란 드림

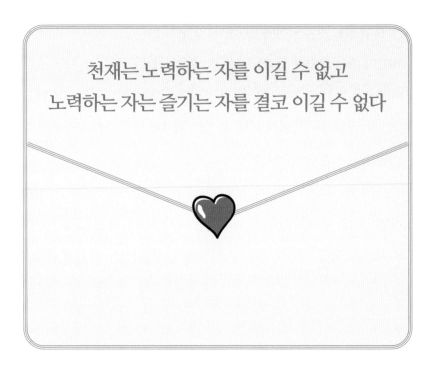

천재는 노력하는 자를 이길 수 없고
노력하는 자는 즐기는 자를 결코 이길 수 없다

꽃 피는 춘삼월이라는 말이 있듯이, 여기저기 꽃도 예쁘게 피고 싱싱한 봄나물이 우리의 입맛을 상큼하게 해주는 기분 좋은 계절이다. 일교차가 커서 건강 관리에 신경을 써야 하지만, 한낮 기온은 따사로워서 겨우내 웅크렸던 몸을 맘껏 펴고 다니기에 너무 좋다.

어제는 영업소 연인 한 분이 한동안 실적이 너무 안 좋아서 의기소침했는데, 그래도 좌절하지 않고 열심히 활동했더니 이달부터 낚시에서 입질이 오듯 고객님들의 문의가 많아졌다고 기뻐하셨다. "나는 왜 이렇게 실적이 안 되지?"라는 힘든 마음을 접어두고 일을 즐기면서 고객님도 만나고 DM 발송도 열심히 했더니 어느새 이런 결과가 온 것 같다며 "다른 분들이 주춤하는 코로나 시기에 저는 두 배로 뛴 거 같다."라고 하신다.

"천재는 노력하는 자를 이길 수 없고 노력하는 자는 즐기는 자를 결코 이길 수 없다."라는 말이 정말 맞는 것 같다. 주변을 보면 같은 일을 하더라도 억지로 일하는 사람보다 능동적으로 즐겁게 일하는 사람들이 더 보기 좋고 잘 되는 것 같다. 어쩌면 어떤 일을 하든 어떤 사람에게든 적용할 수 있는 명언인 것 같다.

오늘도 바쁘게 보낼 연인이 마음속에서 즐거움을 꺼내서 에너지로 삼아 신나는 마음으로 하루 보내시고, 보람된 결실에 행복하시기를 기원해 본다.

P.S.: 일 속 연인께 보내드리는 목요일의 영업 이야기 309번째를 보내드립니다. 끝까지 읽어주심에 감사드립니다.

2021년 3월 25일 삼성카드, 국민카드, 우리카드 김영란 드림

버티기 작전

거리에 나무들은 울긋불긋 옷을 갈아입어 오가는 이들의 눈길을 사로
잡는다. 춥지도 않고 덥지도 않은 날씨에, 마음은 신사의 계절인 가을의
수레를 타고 단풍잎들의 환호를 받으며 활보 중이다. 시간은 유유히 흐
르고 계절도 어김없이 지나가며 자연은 새로움으로 행복감을 주는데 코
로나로 인해 어두워진 경제는 아직 구름이 걷어지질 않는다.

어제는 영업소 방문을 했는데 당직하시던 연인 한 분이 "팀장님, 힘드
셔도 잘 버티세요. 버티는 사람이 살아남는 것입니다."라고 하시며, "차
를 계약해도 배터리 수급 때문에 출고가 너무 늦으니까 여러 건 해약을

당하고, 마이너스 생활이 이어지고 있어서 최대한 지출을 줄이며 버티기를 하고 있어요."라고 말씀하신다.

내 연인들은 차 수급이 원활하게 되지 않아 문제가 되고, 나도 차 수급의 문제와 경쟁사의 이율 인하로 일이 많이 줄었다. 의기소침하지 않고 씩씩하게 가던 길을 가며 좋은 날을 기다리는 방법밖에 없지 않을까 싶다.

오늘은 출근하며 거리에 예쁜 옷으로 갈아입은 나무도 한번 보고, 예쁜 가을 하늘도 한번 보며, 자연이 주는 여유로운 마음으로 시작하시면 어떨까? 항상 우리에게 주어지는 오늘이 제일 소중하다. 감사함을 느끼는 하루, 마음이 건강한 하루를 보내시기를 응원해본다.

P.S.: 일 속 연인께 보내드리는 목요일의 영업 이야기 340번째를 보내드립니다. 끝까지 읽어주심에 감사드립니다.

2021년 10월 28일 삼성카드, 국민카드, 우리카드 김영란 드림

디딤돌과 걸림돌

기온이 오르내리면서 겨울은 깊숙이 우리 곁으로 파고들고, 코로나의 냉기 때문에 더더욱 마음이 추운 겨울을 보내고 있다. 아침에 해가 뜨고 저녁에 해가 지면서 자연스럽게 시간은 흐르고 또 하루가 지나가지만, 요즘 주변 환경이 너무 어렵다.

어제 연인과 통화하는데 생활이 어려워서 아르바이트를 하고 있다면서 영업소에도 본인이 민폐가 되는 것 같고 가정에도 본인이 가족들에게 걸림돌이 되는 것 같아서 속상하다고 하시며 자책을 하신다.

"최선을 다했는데 생활이 힘들고, 조금이라도 도움이 되고자 아르바이트를 하는데 왜 본인이 걸림돌이라고 생각하세요? 사랑하는 가족에게 든든한 디딤돌이 되기 위한 혹독한 시련을 극복하는 과정이라 생각하세요."

이렇게 말하며 전화를 끊고 나니 마음이 씁쓸했다. 한 번도 겪어보지 못한 바이러스 때문에 세계가 출렁이고 있는 이때를 잘 넘기는 것도 우리에게 주어진 큰 숙제라고 생각한다. 가까운 지인이나 가족에게 걸림돌이 되고 싶은 사람은 없을 것이다. 단단한 디딤돌이 되어 주변의 모든 사람에게 피해를 주지 않고 도움이 되어주고 싶은 것은 우리들의 한결같은 마음이리라 생각한다. 대면으로 안 되면 비대면으로라도 무언가 계속 움직이고, 오늘을 바쁘게 살아간다면 웃으며 옛이야기할 그날이 오리라 생각한다.

오늘도 정해진 일정 속에 움직이실 내 연인이 하고자 하는 모든 일이 이루시길 바라며, 건강 챙기시는 하루 보내시길 기원해본다.

P.S.: 일 속 연인께 보내드리는 목요일의 영업 이야기 348번째를 보내드립니다. 끝까지 읽어주심에 감사드립니다.

2021년 12월 23일 삼성카드, 국민카드, 우리카드 김영란 드림

기다리는 마음

몸을 움츠리게 하는 강추위 속에 1월도 중반에 접어들고 있다. 독한 감기가 유행하고 있어서 건강에 특별히 신경을 써야 할 때이다.

요즈음 영업소를 다니다 보면 연인들이 공통으로 하시는 말은 차가 나와야 일이 돌아가는데 차가 안 나와서 걱정이라는 내용이다. 계약과 출고 기간이 길다 보니 생각지 않았던 변수도 많이 생기고, 고객님들도 이리저리 여러 가지 내용을 알아보며 반 박사가 된다는 것이다.

어제는 할부 조회를 했던 고객님이 드디어 차가 출고되어 할부 진행을 하고 결제를 했는데, "이제 진짜 차 나오는 거 맞죠?"라고 하시며 기다리는 기간이 너무 길어서 힘들다고 하셨다. 그리워하던 애인을 만나듯 반기는 고객님 목소리에 오랜 기간 많이 기다리셨음을 엿볼 수 있었다.

기다림의 연속인 이 상황이 하루빨리 끝나고, 원활하게 생산되어 신속하게 출고되었으면 하는 바람이다. 오늘도 기다리는 마음으로 하루를 시작하고, 발걸음마다 좋은 일로 가득하고 건강하시기를 기원해본다.

P.S.: 일 속 연인께 보내드리는 목요일의 영업 이야기 351번째를 보내드립니다. 끝까지 읽어주심에 감사드립니다.

2022년 1월 13일 삼성카드, 국민카드, 우리카드 김영란 드림

그리고 있다 ... 으로 인해 꿈속으로 들어오는
연인들이 있는 영업소에 방문한다
...을 반기며 일 구인에 한 번 영업소 ...
...들이 많았었다 해미 소리도 인사를 하면서도 만나는 횟수가 늘어
...면서 대화를 할 수 있는 용기가 생겨났다 그건 시간이 지나면서 일
...었고 그 과정에서 그만큼 연인들이 많이 있었기에 오늘 이렇게 자리를
...마음이다

불특정 다수의 연인을 만나는 연인들의 일을 생각해보면 내 선
...것 같다 그렇게 오랜 기간 영업을 한 연인들의 조언 한마디
...없는지도 모른다
...이어지고, 나는 세상에서 제일 많은 연인을 만나고 있는

PART 5

매일
도전정신을
북돋아준
영업 편지

설렘의 첫 경험

한 주를 시작하는 월요일, 영업소에 방문하려고 열심히 운전하고 달리는데 전화벨이 울렸다. 누군지 확인하니 오매불망 기다리던 영업소 연인이다. 갑자기 숨이 멎는 듯 가슴이 콩닥거린다. '짧은 시간이지만 대답 잘해야지.' 하며 목소리를 가다듬고 톤을 높여 반가이 전화를 받았다. 캐시백 문의였다. "네, 알겠어요. 고객님과 얘기 마무리되면 연락할게요." 하며 전화를 끊으신다. "앗싸!!! 내 힘으로 개척해서 첫 테이프를 끊는구나." 갑자기 라디오 음악과 밖의 풍경이 마치 나를 위해 축하 공연을 해주는 것 같았다. 오늘의 나에게 더욱더 벅찬 자신감을 준다.

처음 가는 영업소를 기웃거리며 들어가는 것에 비하면 두 번째, 세 번째 방문하는 영업소는 한두 분이라도 안면이 있어서 친근감이 느껴져 자신 있게 들어가게 된다. 그래도 전단을 드리며 무슨 말을 해야 할지 아직 멘트의 가닥이 잡히질 않는다. 지금 나라는 사람이 열심히 성실히 일하는 모습을 보여주는 것 외에는 어떻게 해야 할지 아직 잘 모르겠다.

열심히 다니는데 친구에게 전화가 왔다. 점심 먹자고 한다. '그럴까?' 하고는 만나서 밥 먹고 차 마시고 두 시간 이상 보내고 나니 남은 시간 일을 하기가 싫어서 집으로 들어왔다. '아뿔싸, 아침 9시부터 저녁 6시까지 일하는 시간에 옆으로 고개를 돌리면 안 되겠구나! 친구도 지인도 일과 시간 끝난 후에 만나야지.' 오후가 날아가버린 허무함을 맛보고 또 한 가지 교훈을 얻게 되었다.

온종일 그 누구의 터치도 받지 않고 일하는 나로서는 체계적인 내 관리가 필요했다. 일을 안 하면 수입이 보장되지 않는 영업인의 필수 사항이 자기 관리, 시간 관리라고 해도 과하지 않을 것이다.

오늘도 영업소 내 연인들께 내 이름 석 자를 알리며 나를 싣고 다니는 내 조그만 애마는 방귀를 뀌며 고맙게 달린다. 연인 찾아 3주 차에 문의 전화도 받고 첫 테이프도 끊어서 너무 행복한 마음이다.

이렇게 행복을 주신 제 연인께 감사드리며, 다니는 발자국마다 행복이 가득하길 바라며 두 번째 영업 이야기를 마칩니다.

2015년 2월 5일 삼성카드 김영란 드림

소중한 한 계단의 꿈

초여름 더위를 맛보기로 보여주더니, 흠뻑 내린 비로 인해 콧속으로 들어오는 공기가 한층 상쾌해져 가벼운 기분으로 5월의 중반을 달리고 있다. 꿈같은 황금연휴를 보낸 초반을 지나 이제 본게임에 들어가는 심정으로 연인들이 있는 영업소에 방문한다.

낯선 연인 한 분 한 분을 만나며 일주일에 한 번 영업소 방문을 한 지 4개월이 되었고 되돌아 생각해보면 가슴 뭉클한 일들이 많았었다. 개미 소리로 인사를 하면서도 만나는 횟수가 늘어갔고 인사를 받아주는 연인이 생기면서 대화를 할 수 있는 용기가 생겨났다. 그런 시간이 지나면서 일 이야기도 사는 이야기도 할 수 있었고 그 과정에서 고마운 연인들이 많이 있었기에 오늘 이렇게 자리를 잡아가는 것 같아 정말 감사한 마음이다.

반복적으로 연인을 만나는 내 일과 불특정 다수의 연인을 만나는 연인들의 일을 생각해보면 내 연인들의 영업이 얼마나 힘들지, 새삼 알 것 같다. 그렇게 오랜 기간 영업을 한 연인들의 조언 한마디와 격려가 내가 클 수 있는 원동력이 되었는지도 모른다.

어제도 오늘도 내일도 내 연인들과 만남은 이어지고, 나는 세상에서 제일 많은 연인을 만나고 있는 행복한 사람으로 훗날 기억할 것이다.

오늘도 내 연인들이 차를 구매하실 고객님들을 만날 때 일사천리로 계약하게 되는 행복한 성취감이 있으시길 바란다. 인생의 진정한 즐거움을 찾으실 수 있는 오늘이길 조용히 응원해본다.

P.S.: 일 속의 연인께 보내는 목요일의 영업 이야기 15번째를 보내드립니다. 끝까지 읽어주심에 감사드립니다.

2015년 5월 14일 삼성카드 김영란 드림

지난 6개월, 감사함과 설렘의 오늘

1월의 어느 날 일 속의 연인을 찾아다니기 위해 자동차 핸들을 용기 있게 잡았다. 어떤 방법으로 영업소를 찾아다닐까, 생각하다가 인터넷을 보며 혼자 지도를 그리고 지역별 하루하루의 노선을 잡기 시작했다.

요일별로 꼭 방문해서 인사를 하고 내 이름을 알리며 한 달 두 달이 지나면서 흐리게 보이던 길이 조금씩 선명해지기 시작했다. 3개월이 지나면서 한 분 두 분 인사를 받아주시고 혼자 떠드는 일방적인 말이 아닌 주고받는 대화를 할 수 있어서 한없이 기뻤다. 경기 북부의 아름다운 경치도 그때야 보이기 시작했고, 내 이름 석 자를 기억해주시는 것으로도 감동 그 자체였다.

아침마다 두렵고 걱정되던 날들이 엊그제 같은데 어언 6개월이 지난 요즘은 아침마다 연인을 만날 설렘에 발걸음이 가볍고, 오늘은 어떤 연인이 당직하고 계실까 하는 생각을 하며 달린다.

일 속에서 만난 연인이지만 때론 아들 같고, 조카 같고, 친구 같고, 오라버니 같다는 마음으로 인생을 얘기할 수 있어서 정말 감사하고 행복한 마음이다. 지금까지 내가 연인들을 만나올 수 있었던 건 연인 한 분 한 분의 덕분이다. 한 계단 올라선 지금 이 자리에 안주하지 않고 연인들이 믿어주시는 이상으로 꾸준하게 열심히 하려고 한다.

여름이 무르익어가는 정열적인 7월이 내 연인들에게는 기회의 달이 되고 행복의 달이 되었으면 한다. 가족과 함께 자연도 즐기시고, 영업의 결과로도 흐뭇하시길 진심으로 힘차게 응원할 것이다.

P.S.: 일 속의 연인께 보내드리는 목요일의 영업 이야기 23번째를 보내드립니다. 끝까지 읽어주심에 감사드립니다.

2015년 7월 9일 삼성카드 김영란 드림

자기 관리

긴 폭염으로 지친 몸을 조석의 바람이 애교스럽게 어루만져주고, 올 듯 말 듯한 비는 아직도 애간장을 태우며 야속하게 튕기고 있다. 좋지 않은 경제 상황과 활발한 활동을 저해하는 날씨 등 녹록하지 않은 시기에 8월 마감을 향해 달려가는 영업소의 연인도 힘들어하는 분들이 많다.

어제 당직하시던 연인이 심각하게 한 말이 생각난다. "수년 만에 높은 벽을 만난 것 같은데 뛰어넘을 자신이 없어요." 어디서부터 다시 마음을 다잡아야 하는지 길을 잃은 것 같다고 하셨다. 개별 소비세 혜택이 끝나면서 7, 8월에 전체적으로 매출이 감소해서 신차는 물론이고 그로 인해 파생되는 많은 분야가 힘든 건 사실이다.

이런 시기에 활기찬 정신력을 유지하기 위해서는 자신의 관리가 중요하다. 일과 건강과 대인관계 등 해야 할 일이 많지만 요즘 '나우족'과 '노무족'이라는 신조어가 생기는 이유도 그 연령대별로 자신의 노력이 있기 때문일 것이다.

아침이면 오라는 곳은 없어도 가야 할 곳이 무수히 많다는 감사함에 습관처럼 즐거운 마음으로 발길을 떼고 자리를 박차고 나가는 오늘이 반복된다면 가랑비에 옷 젖듯이 좋은 결과가 찾아오지 않을까 생각한다.

오늘도 열심히 다니실 연인 앞에 좋은 일만 가득하시길 바라며 막바지 더위에 건강 챙기시길 바랍니다.

P.S.: 일 속의 연인께 보내드리는 목요일의 영업 이야기 82번째를 보내드립니다. 끝까지 읽어주심에 감사드립니다.

2016년 8월 25일 삼성카드 김영란 드림

농부의 마음

    겨울 준비에 이 집 저 집 김장으로 분주하고, 울창하던 나무도 두꺼운 옷을 벗어버리고 앙상한 가지를 드러내며 추위를 받아들일 준비를 하고 있다. 11월도 중반을 넘어서 후반으로 달려가고 있고 영업소 연인도 나도 마음 바쁜 하루를 보내고 있다.

    매일 영업소 연인들을 만나며 대화를 하지만, 최근 들어 경기 침체가 더 심해졌다는 말을 많이 들을 수 있다. 잘 흐르던 물이 수로를 잃고 멈추어 빙빙 돌고 수로를 찾지 못한다면 얼마나 답답한 일이겠는가. 그래도 동요하지 말고 땅을 일구고 거름을 주는 농부의 마음으로 더 열심히 준비한다면 경제가 살아날 때 먼저 열매를 맺지 않을까 하는 생각을 해본다.

초심 뒤에 열심이 있고, 열심 뒤에 뒷심이 있다. 오늘도 더 즐겁고 바쁘고 보람찬 날이기를 바라며, 환절기 감기에 유의하시길 기원해본다.

P.S.: 일 속의 연인께 보내드리는 목요일의 영업 이야기 93번째를 보내드립니다. 끝까지 읽어주심에 감사드립니다.

2016년 11월 17일 삼성카드 김영란 드림

신년 계획

붉게 타는 해맞이로 새해를 시작해서 벌써 둘째 주 중반에 들어섰다. '굿바이 작심삼일'이라는 단어를 앞세우고 많은 계획을 실천하기 위해 노력할 시기이다.

어느 날 영업소 방문을 해서 한문 공부를 하는 연인을 보고 한문을 배우고 싶다는 생각하고 있다가 올해 목표로 천자문 떼기로 정했는데 아직 시작도 못 하고 있다. 영업소 내 연인도 일상적으로 하는 일 외에 운동이라든가 건강 챙기기 등 각자 세운 계획이 있으시리라 생각한다. 계획을 세우고 열흘이 지나서 이젠 늦었다고 포기하지 말고 다시 실행에 들어가면 성공할 확률이 높다고 한다. 습관을 바꾸려면 최소 21일은 계속해야 한다. '21일의 법칙'은 미국의 의사 존 맥스웰이 저서 『인생성공의 법칙』 에서 처음 주장한 내용이다

늘 고마운 연인들의 새해는 세운 계획대로 꼭 이루시고, 일도 가정도 편안하게 순탄하게 흘러가기를 힘껏 응원하고 기원해본다.

P.S.: 일 속 연인께 보내드리는 목요일의 영업 이야기 101번째를 보내드립니다. 끝까지 읽어주심에 감사드립니다.

2017년 1월 12일 삼성카드 김영란 드림

꽃비의 향연

벚꽃은 바람에 꽃비를 날리고, 조팝나무 향기도 바람에 날리는 아름다운 계절이다. 가로등 조명에 비친 자색 목련꽃은 수명이 짧음에도 바람에 떨어지는 순간까지 도도한 아름다움을 자랑한다.

4월도 중반을 향해 쏜살같이 달리고, 영업소 연인도 나도 바쁜 발길을 쉬지 않고 움직인다. "요즘 꽃이 너무 예쁘죠?" 하며 감탄하는 나에게 "꽃을 감상할 만큼 마음의 여유가 없어요."라고 대답하시는 영업소 연인을 보며 억눌리고 쫓기듯 생활하는 애잔한 도시 가장의 모습을 엿볼 수가 있다. 전반적으로 경제가 어려워 목표를 달성하지 못해 마음 쓰는 연인도 있겠지만, 저금한다는 마음으로 열심히 한다면 봄비처럼 반갑게 열매로 안겨올 것으로 생각한다.

'멍 때리기 대회'를 아시는가? 멍 때리기, 잠깐 넋 놓는 것이 뇌에 좋다고 한다. 오늘은 달리는 차를 세우고 10분 만이라도 작은 들풀과 산에 핀 꽃을 감상해보면 어떨까?

오늘도 안전 운전을 기원하고 내딛는 발길마다 좋은 일로 가득하시길 응원해본다.

P.S.: 일 속 연인께 보내드리는 목요일의 영업 이야기 114번째를 보내드립니다. 끝까지 읽어주심에 감사드립니다.

2017년 4월 13일 삼성카드 김영란 드림

지치면 지고 미치면 이긴다

한 장 남은 달력을 보며 많은 생각 속에 한 해를 마무리하는 12월이다. 추워지는 날씨에 몸은 움츠러들고 마음마저 움츠러들까 봐 서둘러 아침을 연다.

매일 영업소 연인들과 만나며 많은 정보를 주고받곤 한다. 어제 한 연인의 노트 겉표지에 "지치면 지고 미치면 이긴다."라는 문구가 있었다. 본인이 슬럼프를 겪을 때 수시로 소리 내어 읽으면서 극복을 했다고 한다.

영업하면서 온갖 스트레스를 받게 되고 좌절할 때도 있지만 각자마다 풀어가는 방법이 있는 것 같다. '소나기 30분'이라는 속담이 주는 교훈은 인생의 소나기, 먹구름 뒤에는 언제나 변함없는 태양이 기다리니 그런 희망으로 살아가라는 뜻일 것이다.

나 자신의 안일함을 이기고, 일에 미치고, 소중한 사람을 사랑함에 미친다면 영하의 날씨는 결코 장애가 될 수 없을 거로 생각한다.

오늘도 내 연인이 안전 운전하시고 감기에 걸리지 않고 움직이는 모든 곳에 좋은 일이 기다리고 있기를 힘차게 응원하고 기원해본다.

P.S.: 일 속 연인께 보내드리는 목요일의 영업 이야기 146번째를 보내드립니다. 끝까지 읽어주심에 감사드립니다.

2017년 12월 7일 삼성카드 김영란 드림

1등으로 시작한 인생

　새해 첫날 전국에서 많은 사람이 설레는 마음으로 붉게 들끓어 오르는 해를 보며 각자의 소원을 빌었다. 그렇게 한 해의 시작을 웅장하게 하듯, 우리도 태어날 때 그러했다고 한다.

　"1억만 이상의 정자가 '요이~ 땅!' 하고 치열한 경쟁을 하며 출발한다. 그중 제일 빨리 달린 1마리 정자만이 생명이라는 곳에 골인한다. 그래서 나 자신이 태어난 것이다. 다른 놈이 1등 했다면 '나'라는 태초의 생명은 없다. 세상에 태어난 우리는 자부심을 지녀야 한다."

새 생명의 탄생, 학교 입학, 직장 입사 등 삶은 수많은 시작의 연속인 것 같다. 2018년 새해가 1월 1일 화창하고 좋은 날씨로 기분 좋게 시작되었다. 각자마다 새해 계획을 세우며, 하고 싶은 일이 많을 것으로 생각한다. 시작이 반이라는 말이 있듯이 용기 있게 시작해보는 것도 좋을 것 같다.

부모님의 사랑으로, 1등으로 태어난 연인의 새해는 가정의 평화로움과 더불어 하고자 하는 모든 일 이루시고, 건강하시고, 한발 한발 걸어가는 발길마다 좋은 일로 가득하시길 진심으로 응원하고 기원해본다.

P.S.: 일 속 연인께 보내드리는 목요일의 영업 이야기 150번째를 보내드립니다. 끝까지 읽어주심에 감사드립니다.

2018년 1월 4일 삼성카드 김영란 드림

영업

긴 겨울잠을 깬 나무도 풀도 새싹을 틔우기 위해 꼬물대고, 거리를 다니는 사람들의 옷차림도 산뜻하고 발걸음도 가벼워 보인다.

영업소 연인도 나도 변함없는 전진을 위해 기분 좋은 아침을 열고 부지런히 움직인다. 어제 연인 한 분이 "영업은 시작과 끝을 수없이 반복하는 것이다. 무에서 유를 창조하기 때문에 짜릿한 매력이 있다."라며 명함도 안 나온 신입사원에게 힘을 주고 있었다. 영업의 정석은 없지만, 영업은 성실하게 꾸준히 노력하고 신뢰를 쌓아가는 게 아닐까? 생각하며 신입분이 열심히 해서 자리 잡길 바란다고 응원의 박수를 보냈다.

영업을 20년 이상 해오신 분이나 2년 하신 분이나 같은 건 정신없이 달려와 한 달 마감을 하고 나면 다시 무에서 한 달 시작을 한다는 것이다. 그래서 늘 긴장의 끈을 늦추지 못하는 것 같다. 같은 영업이라도 즐겁게 하면 기분도 좋고 성과도 좋아지지 않을까?

오늘도 바쁜 일정을 소화하실 내 연인의 하루가 빛나길 바라며, 안전운전과 더불어 환절기 건강 관리 잘 하시길 기원해본다.

P.S.: 일 속 연인께 보내드리는 목요일의 영업 이야기 157번째를 보내드립니다. 끝까지 읽어주심에 감사드립니다.

2018년 3월 8일 삼성, 국민카드 김영란 드림

시작과 끝

이른 초여름의 날씨 속에 아름다운 계절 5월이 뒷모습을 보이며 열정의 계절 6월을 부르고 있다. 한 달이라는 무대에서 힘차게 펼쳐지던 공연도 이제 마무리하고 6월이라는 무대로 옮겨진다.

어린 시절에는 놀기 바빴고, 학창 시절에는 공부하기 바빴고, 결혼해서 아이들 키울 땐 아이 보느라 바빴는데, 지금도 여전히 바쁜 하루를 맞이함에 감사함을 느낀다.

할 일이 없거나 일을 할 용기가 없는 사람도 주변에 많이 있다. 연인과 나는 바쁘게 움직일 목표가 있고, 바쁘게 찾아오는 시작과 마감이 있어 더 생동감이 있는 것 같다. 1년 속에 한 달 단위로 구분이 안 되어 있다면 도전하고 성취하는 묘미가 없을 것이다. 그래서 마감은 도전하는 시작을 부르고, 시작은 보람 있는 마감을 추구하는 것 같다.

한 달을 마무리하면서 내 연인이 목표에 더 가까워지는 말일 되길 바라며, 오늘도 심신이 행복한 하루를 보내시길 기원하고 응원해본다.

P.S.: 일 속 연인께 보내드리는 목요일의 영업 이야기 169번째를 보내드립니다. 끝까지 읽어주심에 감사드립니다.

2018년 5월 31일 삼성카드, 국민카드 김영란 드림

1%의 기적

밤잠을 설치면서 응원했던 우리나라의 축구가 아쉬움을 뒤로하고 기적의 게임을 마무리했다. 전 세계가 독일의 승리를 예측했지만, 벼랑 끝에 선 우리 선수들의 눈물겨운 절실함이 좋은 결과를 안겨주었다.

세상에는 영원한 약자도, 영원한 강자도 없다. 한순간에 강자가 약자가 되고, 약자가 강자가 된다. 그게 축구이고, 인생이고, 영업인 것 같다. 오늘이 있기까지 얼마나 힘들었을지, 얼마나 마음 졸였을지, 마음으로나마 진심으로 축하와 위로를 보내고 싶다.

밤새 흥분이 가라앉지 않는 붉은 물결 가득한 국민의 열광이 뉴스를 뜨겁게 해주는 기분 좋은 아침, 포기하지 않는 악바리 근성으로 아시아 최초 월드컵에서 독일을 꺾은 우리 선수들이 자랑스럽다.

우리 선수들의 선방에 이어 연인들의 6월도 만족할 만한 마감이 되기를 기원하며, 오늘도 기분 좋은 일로 가득하시기를 응원해본다.

P.S.: 일 속 연인께 보내드리는 목요일의 영업 이야기 173번째를 보내드립니다. 끝까지 읽어주심에 감사드립니다.

2018년 6월 28일 삼성카드, 국민카드 김영란 드림

계절 나이

파란 하늘에 하얀 조각구름 둥실둥실 떠다니고, 본격적인 단풍 행렬이 이어지고 있어 멋진 가을로 퐁당 빠지고 싶은 계절이다. 10월도 막바지에 이르고 있고 영업소 연인도 나도 하루하루 열심히 달리고 있다. 어제 영업소 연인 한 분이 내게 질문하신다.

"실장님 나이는 계절로 말하면 어느 계절이라고 생각하세요?"

"제 나이의 계절은 가을 같아요. 때론 마음이 정열적인 여름을 원하지만 모든 것이 숙연해지는 가을인 것 같아요."

이렇게 답하니, 질문하신 40대 초반인 연인이 "저는 여름이죠?"라고 질문하며 웃으신다.

어쩌면 마음의 나이는 자신 스스로 만들어가야 하는지도 모른다. 일도 사랑도 대인관계도 일찍 단념하지 않고 적극적으로 대한다면 겨울 나이가 되어도 가을처럼 살 수 있지 않을까? 때론 벅차고 힘들 때가 있어도 적당한 긴장감은 삶에 활력을 주어 좋다고 한다.

오늘도 바쁘게 움직이실 연인이 걸어가는 발길마다 행운의 양탄자가 깔려 있기를 기원하며 응원해본다.

P.S.: 일 속 연인께 보내드리는 목요일의 영업 이야기 190번째를 보내드립니다. 끝까지 읽어주심에 감사드립니다.

2018년 10월 25일 삼성카드, 국민카드 김영란 드림

내 인생의 답은 감사함이다

추위와 미세먼지가 번갈아 나타나는 극과 극 날씨가 이어지는 가운데 1월의 중반이 넘어간다. 요즘 경기가 전반적으로 침체를 보이지만 내 연인도 나도 바쁜 발걸음으로 하루하루를 보내며 바쁜 날을 기다리고 있다.

며칠 전 연인의 책상 위에 써놓은 문구를 보고 많은 생각을 했었다.

"내 인생의 답은 감사함이다."

건강해서 감사하고, 가정 화목해서 감사하고, 일을 할 수 있어서 감사하고…. 열거하려고 하면 감사할 일이 많은데 현실에 부딪히거나 일이 뜻대로 안 된다고 속상해하던 때가 얼마나 많은가? 감사하면 감사할 일이 생기고 불평하면 불평할 일이 생긴다면, 작은 것에도 감사하는 마음을 가져야겠다고 생각했다.

'오늘의 나는 어제의 내가 만드는 것이다'라는 책 제목이 있듯이 우리는 어쩌면 평생 더 나은 내일을 만들기 위해 살아가는 것 같다. 이른 새벽의 창밖은 어둠 속에 고요하고, 책상에 앉아 연인을 향해 편지를 쓰기 위해 손가락만 바쁘게 움직이며, 또 하루를 힘차게 맞이한다. 추위도 미세먼지도 잘 극복하고 건강 지키시기를 바라며 오늘도 좋은 일만 가득하시길 기원해본다.

P.S.: 일 속 연인께 보내드리는 목요일의 영업 이야기 201번째를 보내드립니다. 끝까지 읽어주심에 감사드립니다.

2019년 1월 17일 삼성, 국민카드 김영란 드림

인생 좌우명

정열의 계절 8월도 일주일이 갔다. 숨 막히는 막바지 더위는 기승을 부리고 있고, 휴가철도 끝나가고 있다.

어제 연인을 만나 이야기하던 중 좌우명에 대해 논했다. 연인 한 분이 좀 더 젊었을 때 부부 싸움을 하고 아내와 며칠 떨어져 있는데, 장모님이 보낸 장문의 문자 중 "자네 그러려니 하고 살면 안 되겠나?"라는 내용을 보며 깊이 생각하고 아내와 화해해서 지금껏 잘 살아가고 있다고 했다. 일하는 데도 "그러려니."라는 단어를 적용하니 많은 도움이 되어, 인생의 좌우명을 "그러려니 하고 살아라."로 정했다고 하신다.

나의 좌우명은 "일할 때는 황소같이, 먹을 때는 돼지같이, 놀 때는 미친 듯이." 무엇이든 하는 둥 마는 둥 하지 말자는 뜻으로 정해서 살고 있지만 완벽하게 실행하지는 못하고 있다. 살면서 누구나 뜻 깊은 명언이나 정해놓은 가훈이나 좋은 내용을 자신의 인생에 적용하며 살고 싶어 하는 것 같다. 연인들은 어떤 좌우명을 앞세우고 걸어가실까?

오늘이 가을로 접어든다는 입추이다. 막바지 더위 잘 이기시고, 연인의 오늘에 행복 가득하시길 기원해본다.

P.S.: 일 속 연인께 보내드리는 목요일의 영업 이야기 230번째를 보내드립니다. 끝까지 읽어주심에 감사드립니다.

2019년 8월 8일 삼성카드, 국민카드, 우리카드 김영란 드림

아침 마음

예쁜 하늘과 길가에 활짝 피어 춤추는 코스모스가 가을을 알리고 시원한 바람이 밖으로 유혹하는 최고의 날씨가 이어지고 있다. 9월의 막바지를 향해 달리고 있는 목요일 아침을 연다.

아침은 비장하다. 오늘 해야 할 일을 점검하고, 진행할 서류를 준비하고, 고객님께 전화 드릴 시간에 이중으로 알람을 해놓는다. 오늘 중요한 일이 있으면 어젯밤 꿈에서부터 일을 시작하는 긴장을 준다. 그렇게 아침은 전쟁에 나갈 때 총알을 정비하듯 일정과 계획에 집중하고 씩씩하게 시작한다. 아침 운동과 출근 준비에 바쁜 아침 6~8시까지의 2시간이 하루 중에 제일 건강한 모습인 것 같다. 역시 사람에게 적당한 긴장감을 주는 것이 건강에 좋다는 것을 실감한다. 이른 아침 창밖은 아직 어둠이 가시지 않았지만, 온종일 다닐 일정을 머릿속에 그리며 기분 좋게 집으로 돌아올 저녁을 기대해본다.

오늘도 바쁘게 움직이실 연인에게 아침 계획대로 모든 것이 순탄하게 이루어지는 기분 좋은 하루가 찾아가길 기원해본다.

P.S.: 일 속 연인께 보내드리는 목요일의 영업 이야기 236번째를 보내드립니다. 끝까지 읽어주심에 감사드립니다.

2019년 9월 26일 삼성카드, 국민카드, 우리카드 김영란 드림

일 년 준비

계절은 5월인데 한낮 날씨는 여름이 시작됨을 알려주듯 이른 더위다. 들판에는 어린 작물들이 큰 수확을 위해 희망차게 자라주고 있다. 농부들의 움직임이 바쁘다.

지난주 긴 연휴에 고향 집에 갔었다. 괴산 5일 장에 가서 고추 모종, 고구마 모종을 사서 형제들과 땀 흘리며 심고 잘 자라주길 바라며 물을 주었다. 들판 여기저기에 이것저것 모종을 심는 사람들의 모습들이 활기차고, 중간에 새참으로 막걸리 한 잔 마시며 땀을 훔치는 기분을 오랜만에 느껴보았다.

밭일을 마치고 강가에 놓아둔 그물에 걸린 민물고기로 매운탕을 끓여 형제들과 오가는 동네 사람들과 한잔을 하며 하루의 땀을 식히고 이야기 꽃을 피웠다. 도시에서는 볼 수 없는 훈훈한 정이 감돌았다.

농부들의 봄은 1년을 준비하는 희망의 계절이다. 영업직의 계절은 늘 봄과 같은 마음인 것 같다. 씨를 뿌리고 모종을 심고 가꾸고 끝없이 반복하는 지치지 않는 봄과 같은 마음이 있어야 할 것 같다. 들판에 어린 새싹이 자라서 가을에 많은 수확을 하듯이 연인들이 뿌리는 마음의 모종도 보람찬 결실로 돌아오길 바란다.

긴 연휴가 끝나고 본격적인 5월이 시작되었다. 오늘도 바쁠 연인 앞에 행복의 양탄자가 깔리기를 기원하며 많이 웃는 하루 보내시기를 응원해 본다.

P.S.: 일 속 연인께 보내드리는 목요일의 영업 이야기 267번째를 보내드립니다. 끝까지 읽어주심에 감사드립니다.

2020년 5월 7일 삼성카드, 국민카드, 우리카드 김영란 드림

전투적인 일상

창밖에 어둠이 가시면서 새들의 지저귐이 예쁜 아침이다. 예전에 시골에서 닭이 목청 크게 울어서 아침을 알리고 잠을 깨웠는데, 오늘은 새들이 마치 그 역할을 해주는 것 같아서 기분 좋게 하루를 시작한다. 상반기 마지막 달인 6월도 중반을 넘어섰고 내 연인도 나도 하루하루를 바쁘게 열심히 살고 있다.

어제는 연인 한 분이 "실장님, 이젠 쉬어가며 하시지. 일을 전투적으로 하시는 것 같아요."라고 말씀하신다. "저는 이렇게 다니면서 매주 연인분들을 만나거나 흔적을 남기는 게 마음이 편해요. 그 대신 저는 놀 때도 전투적으로 놀아요."라고 답하니, "그럼 다행이네요."라며 허허허 웃으신다.

"일할 땐 황소처럼, 먹을 땐 돼지처럼, 놀 땐 미친 듯이." 이 세 가지를 지금껏 살면서 좋아했고 그렇게 하려고 노력했던 내용이다. 일할 때도 대충하고, 먹을 때는 께적거리고, 놀 때도 전혀 미동도 없으면 재미가 없을 것 같다. 사람마다 타고난 성격과 추구하는 방향이 있기에 어떤 것이 정답이라고 할 수는 없다. 다만 각자의 길을 열심히 걸으면 잘 사는 인생이 아닐까?

오늘도 무더위 속에서 건강 잘 챙기시고 기분 좋은 일 많이 생기는 하루 보내시길 기원하고 응원해본다.

P.S.: 일 속 연인께 보내드리는 목요일의 영업 이야기 273번째를 보내드립니다. 끝까지 읽어주심에 감사드립니다.

2020년 6월 18일 삼성카드, 국민카드, 우리카드 김영란 드림

행복한 삶은 셀프입니다

　한낮 기온이 후끈 달아올라 한여름을 방불케 하던 어제는 실내가 천국이었다. 에어컨을 품고 사는 하루였다. 다른 날보다 내근하는 연인들이 많았고 반가운 모습도 볼 수 있었다.

　이번 주는 대체로 분위기가 조용한 가운데, 차가 빨리 안 나와서 너무 힘들다는 한 연인의 이야기를 들었다. 최근 들어 이직까지 생각한다며 가장으로서 쉽게 생각을 행동으로 옮길 수 없다는 애로사항도 이야기했다. 부모 손에 자라는 어린 시절이 끝나서 성인이 되면 모든 것은 자기 몫이 된다. 어떠한 결정도 결실도 본인의 노력하기 나름으로 바뀐다. 그래서 한 번뿐인 인생을 멋지게 살기 위해 땀 흘리고 노력하는 게 아닐까 싶다.

그냥 피어 있는 꽃은 없습니다.
마지못해 피어 있는 꽃도 없습니다.
그냥 태어난 인생이 없듯이 마지못해 살아가는
인생도 없어야 합니다.

- 〈행복한 삶은 셀프입니다〉 중에서

차가 신속하게 나오지 않아 고객님께 곤란하고 어려움이 많다고 한다. 이런 문제는 본인이 노력해서 되는 일이 아닌 회사의 문제이기에, 이른 시일 내에 출고가 원활해지길 바랄 수밖에 없는 것 같다.

오늘도 셀프 인생을 위해 동분서주 바쁘게 움직이실 연인에게, 기분 좋은 일이 많이 생기시고 더위를 식힐 만한 시원한 결실이 있으시길 기원해본다.

P.S.: 일 속 연인께 보내드리는 목요일의 영업 이야기 320번째를 보내드립니다. 끝까지 읽어주심에 감사드립니다.

2021년 6월 10일 삼성카드, 국민카드, 우리카드 김영란 드림

다시 시작

"안녕하세요? 실장님!! 별일 없으시죠? 수년 동안 같은 요일에 오시던 분이 안 오셔서 궁금하고 걱정되어 전화 드려봤어요."

"아이고, 전화까지 주시고 감사합니다. 비가 오나 눈이 오나 빠지지 않고 뵈었는데 최근 코로나로 인해 확진자가 천 명이 넘었다고 해서 화들짝 놀라 일주일 안 다니고, 협력 업체 방문 자제를 요청한다는 말에 혹시라도 피해가 될까 봐 일주일 안 다니고, 이래저래 결석을 많이 했어요."

고맙게도 엊그제 연인분이 전화를 주셨다. 문자를 주시는 분도 있었다. 이제 백신주사 2차를 맞은 지 일주일이 되었고, 마스크를 잘 쓰고 다니면 영업소 방문을 해도 되겠다는 자신감이 생긴다.

나도 모르는 사이에 큰 파장을 일으켜서 남에게 피해를 줄 수 있다는 생각에 그동안 확진자가 급증할 때마다 움츠렸는데, 이제 백신 믿고 조심하면서 열심히 연인들을 만나러 가야겠다고 생각해본다.

코로나로 인해 삶의 리듬이 깨진 건 연인도 마찬가지리라 생각한다. 되도록 비대면으로 하려다 보니 소통도 덜 되고, 활동 반경이 적어져서 병목 구간의 길이 정체되듯 답답한 마음이 쌓였을 것이다.

코로나만큼은 가족도 지인도 믿을 수 없고, 오직 백신만이 믿을 수 있다고 하니 조심해서 지내시고, 백신을 맞고 안도의 숨을 쉬는 방법밖에 없는 것 같다.

오늘부터 다시 시작한다는 마음으로 연인 찾아 핸들 돌릴 생각을 하니 기분이 좋아진다. 내 연인도 나도 옛 이야기하며 차 마시고 식사하는 그 날이 오기를 희망해본다.

또 한주의 중간 고개를 넘어선 목요일이 밝아온다. 오늘도 내 연인이 일정을 소화하실 때 기쁜 일이 많이 생기고, 많이 웃는 하루 보내시기를 기원해본다.

P.S.: 일 속 연인께 보내드리는 목요일의 영업 이야기 330번째를 보내드립니다. 끝까지 읽어주심에 감사드립니다.

2021년 8월 19일 삼성카드, 국민카드, 우리카드 김영란 드림

노년의 심리

알록달록 예쁜 단풍으로 풍성했던 거리의 나무들이 하나둘 앙상한 가지를 드러내고 쓸쓸한 모습으로 겨울나기 준비를 하고 있다. 파릇하던 초년의 싱그러움과 불타던 중년의 단풍을 추억하며 알몸의 가지를 보호하기 위해 땅속 깊은 곳에서 쉼 없이 노력하고 있다.

어제는 영업소 방문을 해서 연인분과 대화 중에 "왜 나이가 들면 고집이 세질까?"라는 이야기를 했다. "나이가 들면서 신문도 안 보고, 책도 안 읽고 활자를 읽을 기회가 줄어들면서 급속도로 변화되는 시대에 적응하지 못한 채 옛날 고정관념을 가지고 대화하려고 하니까 그런 게 아닐까?"라는 일부 의견을 냈다.

청년 때는 호전적인 태도로 지기 싫어 싸우게 되고, 중장년 때는 인생의 쓴맛, 단맛을 경험한 세대로서 완숙 단계로 양보의 성향을 나타나게 되고, 노년에는 잘 삐치고 사고가 협소해지고 고집만 늘게 되니 나이 든 아기가 되는 것 같다.

노년으로 향하는 길목에서 힘, 건강, 친구, 권한을 잃어가기 때문에 최소한의 통제력을 유지해 주는 것도 삶의 원동력이 아닐까 싶다. 연령대가 높으신 고객님이나 부모님과 대화할 때 대화의 주도권을 넘겨드리고, 지난 경험과 지혜를 끌어내어 대화에 적극적으로 참여할 기회를 드리는 것도 조금이라도 더 젊은 우리가 해야 할 일이기도 하다. 인생은 사랑받는 아기로 태어나서 외롭고 쓸쓸한 아기로 살다가 마감한다는 말이 맞는지도 모른다.

오늘은 학생들이 오랜 기간 준비해왔을 수능 시험이 치러지는 날이다. 연인의 자녀분이나 가족 중에 수능 보는 학생이 있다면, 그동안 준비해 온 모든 것을 발휘해서 좋은 결과를 얻을 수 있기를 기원하며, 오늘도 행복한 웃음이 떠나지 않는 하루 보내시길 응원해본다.

P.S.: 일 속 연인께 보내드리는 목요일의 영업 이야기 343번째를 보내드립니다. 끝까지 읽어주심에 감사드립니다.

2021년 11월 18일 삼성카드, 국민카드, 우리카드 김영란 드림

PART 6

아름다운
인연을
이어준
영업 편지

일에 미치면 세상이 아름답다

눈을 뜰 때부터 잠이 드는 시간까지 내 머릿속을 꽉 채우고 있는 한 가지. 사랑도 첫사랑이 지독하고 절절하듯이 새로운 일을 시작한 지 두 달이 다 되어가는 지금의 내 앞에는 오직 일 뿐이다.

이른 아침 집을 나서는 순간부터 영업소 연인들과 만남으로 내 하루는 행복하다. 모두가 낯선 연인으로 시작해서 낯이 익어가고 인사도 받아주고 요술처럼 연인과의 관계가 달라지면서 벅찬 희망을 예감한다.

이제 일을 맡겨주는 연인도 늘어가고 있고 몇 번 연인의 질문에 대답을 못 해서 미안했던 경험으로 공부한 덕에 조금은 노련해져 가는 나 자신을 느낀다.

"나는 늘 다음 달에 개인전이 열리는 것처럼 일했다. 나에게는 쉼표가 없으며 이음표만 있을 뿐이다."

어느 책에서 발췌한 내용이다. 일을 다니다가 힘들거나 외로울 때 한 번씩 읽어보면 다시 일에 미친 행복에 빠지게 해준다. "열심히 일한 당신 떠나라."라는 광고 문구가 있듯이 지난 휴일에 자연을 찾아 힐링하려는데 산 정상에서도 일 생각이 나고 자동차 로고를 봐도 생각나고 영업소를 지나쳐도 벌써 고개를 빼고 당직하는 연인을 보게 되는 나를 보며 제대로 미친 흐뭇함을 느낀다.

오늘도 영업소 연인을 향해 달리며 하루를 시작한다. 나를 일에 미칠 수 있게 희망을 준 내 연인께 오늘도 감사하며 내 연인의 하루가 행복 가득하길 바라는 마음이다.

P.S.: 일 속의 연인께 보내는 목요일의 영업 이야기 여섯 번째를 보내드립니다. 긴 글 끝까지 읽어주셔서 감사드립니다.

2015년 3월 12일 삼성카드 김영란 드림

중년의 가슴에 불어오는 봄바람

긴 가뭄으로 인해 메말랐던 산야를 흠뻑 적셔준 단비 덕분에 풀도 나무도 모든 생물이 바쁜 움직임을 보인다. 싱싱한 새싹과 예쁜 꽃들의 향연이 그려지는 고개 넘은 3월이다.

영업소 연인들을 찾아가며 일을 한 지 3개월 차가 되었다. 정해진 요일에 정해진 영업소를 계속 다니다 보니 "우리 영업소는 화요일마다 오시는 거죠?" 하며 방문하는 요일을 기억해 주시는 연인도 있다. 한가한 시간에 방문한 영업소에서 당직하던 초, 중년 연인이 "봄이 오고 곧 새싹이 나올 텐데 사라지는 감성이 너무 아쉽다."라는 말씀을 하셨다.

내 연인의 절반 이상이 중년이고 나도 중년이다. 자칫하면 잠들 수 있지만 그러지 않기 위해 쎄시봉(프랑스어로 '아주 멋지다'라는 뜻이다) 가수를 찾거나 악기를 배우거나 중년의 감성을 적시는 멋스러운 일들을 찾는다.

"중년의 일상에 불어온 바람, 뜨겁지 않아도 좋아. 반복되는 일상에서 결코 느낄 수 없는 새로운 자극, 봄바람처럼 훈훈하게 감성을 일깨운다."

〈파리 폴리〉 이 영화의 내용처럼 뜨거운 사랑은 아닐지라도 각자 하는 일에 열정이 있고 길가에 작은 풀도 사랑할 수 있다면 살아있는 중년이 아닐까? "가족은 등에 업으면 짐이 되고 가슴에 안으면 사랑이 된다."는 말이 있듯이 어깨가 무겁기만 하기보다는 감성 있는 봄을 찾아 느끼는 연인이 되길 바라는 마음이다.

2015년 이 봄바람이 내 연인들 가슴에 기쁨이 되고 추억이 되고 사랑이 될 수 있길 바라며 난 오늘도 작은 애마에 몸을 싣고 밝은 내일을 상상하며 영업소 연인들을 향해 힘차게 달린다.

P.S.: 제 일 속의 연인께 목요일의 영업 이야기 일곱 번째를 보내드립니다. 끝까지 읽어주심에 감사드립니다.
2015년 3월 19일 삼성카드 김영란 드림

사랑으로 버무려진 고마운 가족

며칠 전 내린 비로 나무와 풀들이 신나는 봄날이다. 흐드러지게 피었다 짧은 시간에 떨어지는 목련꽃은 아쉬움을 표시하고 야무지게 옹기종기 피어있는 매화꽃은 지나는 이들의 발걸음을 멈추게 할 만큼 아름다움의 극치를 보여주고 있다.

4월의 중간지점에 서서 영업소 내 연인도 나도 열심히 영업을 위해서 달리고 있다. 일과 후 가족이 모여 식사하는 자리에서 대화 내용의 중심이 온종일 운전하는 나의 안전 운전을 염려하는 것이었다. 길게 말 안 해도 서로를 위하는 마음이 느껴지는 흐뭇한 저녁이다.

가족이라는 울타리로 긴 시간 살아가면서 마음에 들거나 안 들거나 이해를 하고 살아야 한다. 영업소 어떤 연인은 한 달에 두 번은 온 가족이 산행한다고 하고, 어떤 연인은 일주일에 한 번은 온 가족이 저녁 식사를 한다고 한다. 아마도, 공감대가 형성되고 사랑으로 단단해지길 바라는 마음일 것이다.

가족이라는 이름 아래 각자 책임도 있지만 큰 어려움에 봉착했을 때는 가족이 힘의 원천이 되는 경우가 자주 있다. 그만큼 가슴을 저리게 하는 끈끈한 사랑이 있어서일 것이다.

가정은 작은 사회이고 작은 국가다. 각기 다른 나라의 듬직한 대통령이신 연인들, 연인의 가족 구성원 한 분 한 분이 건강하시고 모든 일이 잘 풀려서 집에서나 밖에서나 언제나 마음 편하고 행복 가득한 연인이길 바란다.

P.S.: 일 속의 연인께 보내는 목요일의 영업 이야기 11번째를 보내드립니다. 끝까지 읽어주심에 감사드립니다.

2015년 4월 16일 삼성카드 김영란 드림

갈등과 이해

산과 들이 연녹색의 옷을 입어 우리의 마음을 차분하게 해주고 녹색 바탕에 갖가지 꽃들이 요염한 자태와 향기 자랑에 눈이 부신 5월이다. 긴 연휴를 뒤로하고 5월의 업무를 시작하며 한 달간의 달리기를 하기 위해 다시 마음의 신발 끈을 단단히 묶어본다.

연휴 기간에 가족 친지를 찾은 연인도 있고 힐링을 하고 온 연인도 계실 것이다. 오늘 방문한 영업소 한 연인은 가족 간에 갈등이 있어서 5월이 되면 더 마음이 아프다고 하셨다.

갈등은 칡 갈(葛), 등나무 등(藤)으로, 우측으로 감고 올라가는 칡 나무 좌측으로 감고 올라가는 등나무가 평생을 같이할 수 없고 서로 먼저 올라가려고 하다가 부딪친다는 뜻에서 생긴 말이라고 한다.

가족이나 친구나 어떤 관계에서도 생길 수 있는 갈등 앞에서 얼마만큼 끌어안고 이해를 하느냐는 모든 이에게 큰 숙제가 아닐 수 없다. 강한 것은 부드러움을 이기지 못하고, 똑똑한 것이 인간관계를 중요시하는 것보다 못하는 것처럼, 배려와 나눔이 어우러진 상생이야말로 흔들리지 않는 진리일 것이다.

온 산과 들이 푸릇한 가정의 달 5월을 맞아 상처받은 마음과 묵은 앙금은 개운하게 씻어버리고 여기저기 예쁘게 핀 꽃처럼 화려한 실적과 행복한 마음으로 더욱더 멋진 연인들의 5월이 펼쳐지길 바라는 마음이다.

P.S.: 일 속의 연인께 보내드리는 목요일의 영업 이야기 14번째를 보내 드립니다. 끝까지 읽어주심에 감사드립니다.

2015년 5월 7일 삼성카드 김영란 드림

5월의 끝자락에서

온 세상을 초록으로 물들인 계절의 여왕 5월을 마무리하며 매혹적인 장미 향과 밤꽃 향이 진한 6월을 맞이할 준비를 하고 있다. 5월의 나뭇잎은 어린 소녀 같고 7월과 8월의 나뭇잎은 아주머니 같다면, 6월의 나뭇잎은 젊은 주부 같다고 어느 교수님이 표현했듯이 6월은 다가올 뜨거움을 이겨낼 수 있도록 성숙해지는 시기인 것 같다.

일 속의 연인들을 찾아다니며 일을 한 지 5개월째로 접어들었다. 그동안 연인들의 배려로 일도 익숙해져 가고 있고 실적도 계단을 밟아 차근차근 올라감에 진심으로 감사한 마음이다.

일 속의 연인이지만 반가운 인사에, 따뜻한 말 한마디에, 잔잔하게 정이 들어가고 있다. 살아가는 이야기를 하며 공감하고 삶의 힘든 부분을 위로할 수 있는 누이 같고 친구 같은 일의 참 동반자가 되어 가는 것 같아 행복하다.

이제 곧 가족의 달 행사의 부담에서 벗어나 야외로 훨훨 나가는 행락의 계절이다. 내 연인의 연인이 차를 더 필요로 하는 계절을 앞두고 상담과 계약이 늘어나고 내 연인의 나무에 열매가 주렁주렁 풍성하게 열리길 바라는 마음이다.

P.S. : 일 속의 연인께 보내는 목요일의 영업 이야기 17번째를 보내드립니다. 끝까지 읽어주심에 감사드립니다~

2015년 5월 28일 삼성카드 김영란 드림

복수불반의 고개를 넘어선 마음

　땅이 갈라지고 농작물들이 목 말라 생명의 위협을 느끼는 긴장의 시간이 이어지는 가운데 장마가 온다는 반가운 소식이다. 촉촉한 하루를 기대하는 6월의 마지막 목요일이다.

　반갑지 않은 메르스가 한 달여간 온 나라를 경제 그늘로 내몰고 많은 사람을 힘들게 하고 있다. 영업소 연인을 찾아가는 나도 신차를 구매할 고객을 만날 연인도 속절없이 무너지는 메르스의 공포에서 이젠 벗어날 때가 되지 않았나 싶다.

어제도 오늘도 여전히 나는 영업소를 찾고 반가운 연인들을 만난다. 영업소 방문을 하면서 내 연인과 일로 뒤틀린 실타래를 맞대한 적이 있었다. 영업의 경험이 많은 연인은 의연하게 대처하고 나는 안도의 숨을 쉬기도 했다.

사람을 믿어준다는 것, 복수불반(覆水不返, 엎질러진 물은 다시 담을 수 없다)의 단어를 무색하게 하는 것이 얼마나 감동을 주는지 새삼 알게 해준다. 믿음을 받으면서 믿어주는 여유가 생기고 사랑을 받으면서 사랑하는 따뜻한 가슴이 생기는 것을 배우게 해준다. 오늘도 바쁘게 시작하면서 나를 믿어주는 고마운 연인을 향해 행복한 행진을 시작한다.

6월의 마감을 향해 달려가는 내 연인들에게도 믿어주는 신차 구매할 연인이 많이 생기길 바라며 오늘도 내 연인에게 보람의 결실이 풍성하길 바라며 더불어 건강과 함께 세상에서 제일 행복함이 춤추는 마음이길 바란다.

P.S.: 일 속의 연인께 보내는 목요일의 영업 이야기 21번째를 보내드립니다. 끝까지 읽어주심에 감사드립니다.

2015년 6월 25일 삼성카드 김영란 드림

딸을 보내고

한낮의 뜨거움이 잊히는 시원한 저녁 바람을 맞으며 7월의 첫날을 마무리한다. 분주했던 하루를 뒤로하고 저녁 식사 준비를 하는데 문득 최근에 출가한 딸이 생각난다. 메르스라는 악재가 있었음에도 많은 분의 축하를 받으며 사위를 맞이할 수 있어 너무 다행이고 감사하고 행복한 마음이다.

6개월 전 영업소를 다니며 처음 일을 시작할 때부터 퇴근 후 돌아와 엄마 연인들 드릴 과자에 스티커를 종종 붙여주며 "할 수 있어 엄마?"라고 물어보며 걱정을 하던 딸이 떠나고 나니 어린 시절 재롱부리던 일부터 오늘까지의 일이 주마등처럼 스쳐지나간다.

영업소를 다니다 보면 연인들의 책상에 귀엽고 예쁘고 듬직한 자녀분들의 사진을 많이 보게 된다. 그 사진을 볼 때마다 내 마음의 온도가 자연스레 올라감을 느낀다. 가족이나 자식이라는 단어를 떠올리기만 해도 가슴이 따뜻해지는 건 아마 생애 처음 사랑도 마지막 사랑도 가족과 함께여서 더 절절한 것인지 모른다.

내 연인도 가족으로 인해 매일 마음이 따뜻해지고 열심히 일하는 이유가 될 것으로 생각한다. 나도 내 연인도 가족의 든든한 응원과 사랑을 원동력으로 오늘도 열심히 앞을 향해 달린다. 사랑을 펌프질해주는 가족을 생각할 수 있어서 행복한 밤이다.

P.S.: 일 속의 연인께 보내드리는 목요일의 영업 이야기 22번째를 보내드립니다. 끝까지 읽어주심에 감사드립니다.

2015년 7월 2일 삼성카드 김영란 드림

가족이 미울 때

본격적인 더위가 산으로 강으로 손짓하는 휴가철이 다가왔다. 휴가 계획을 세우며 몸보다 앞서가는 마음들이 마냥 즐겁다. 비를 뚫고 뜨거운 햇살을 받으며 여전히 영업소 연인들을 향해 달린다. 7월을 마무리하는 연인들의 움직임이 바쁘고 마냥 분주하다.

영업소 방문을 해서 연인들과 차를 마시는데 자식 이야기가 나왔다. 어떤 연인은 사춘기인 중학생 아들을 보면 너무 못마땅하다고 하신다. 그래서 나중에 재산을 분배할 때 아들을 주려고 했던 분량을 줄여서 줘야겠다고 하신다.

자식이었던 내가 이제 부모 입장이 되어보니 각자의 일을 알아서 잘해주는 것이 최고인 것 같다. 그래야 피를 나눈 가족이라도 상대에게 피해를 주지 않을 수 있지 않나 싶다. 아이 셋을 성인으로 키우면서 내가 제일 잘한 것은 어른이지만 힘든 건 힘들다고 표현하고 형편에 맞게 해주었던 부분이다. 부모이기에 뭐든지 다 해줘야 한다는 생각보다는 자식도 가족의 일원으로 존중하고 상의하다 보면 경제 관념도 알게 되는 것 같다.

소수를 제외한 내 연인들이 자식을 둔 가장이다. 한 가정의 가장이라 해도 요즘은 혼자 두 어깨에 돌덩이가 얹어서 부담을 느끼고 살지는 않는다. 가족을 위해서 나 자신을 잊고 산다면 훗날 후회가 될 것이다.

오늘도 땀 흘리며 움직이는 내 고마운 연인들에게 남편과 아빠가 아닌 나를 돌아보는 날이 되었으면 한다. 때론 사랑하기 때문에 미운, 배우자와 자식이 있기에 오늘도 행복한 내 연인이길 바란다.

P.S.: 일 속의 연인께 보내는 목요일의 영업 이야기 26번째를 보내드립니다. 끝까지 읽어주심에 감사드립니다.

2015년 7월 30일 삼성카드 김영란 드림

웃음 전파자

    파란 하늘의 아름다움이 절정을 이루고 조석과 한낮의 기온 차가 널 뛰기를 하는 계절이다. 도로 옆 들판에서 노랗게 물들어가는 벼 사이에 삐죽이 고개 든 피라는 풀이 춤을 추고 있고, 낮은 산에는 밤송이가 손을 흔들고 길가에는 각양각색의 코스모스가 아름다운 모습으로 반색해준다.

    영업소 연인 찾아 달리는 길이 풍성함과 멋스러움으로 물들여진 요즘은 마음도 부자가 된 느낌이다. 9월의 중반을 넘어선 영업소 연인들은 추석을 앞두고 이른 마감을 해야 하기에 갑자기 분주해진 모습이다. 전시장에 있던 연인 몇 분이 인사를 하며 들어서는 나에게 질문을 하신다.

"혹시 좋은 일 있으세요? 표정이 더 밝아졌어요. 밝은 모습을 보는 우리도 반사적으로 밝아지네요. 하하~"

연인의 질문에 내가 매일 웃을 수 있는 이유를 찾으려니 너무 많다. 가족이 건강하고, 찾아갈 영업소에는 고마운 연인이 있고, 아름다운 산과 들이 매일 다른 모습으로 반겨주니 하루하루가 행복할 수밖에 없다.

일주일에 한 번 만나는 내 연인에게 조금이나마 웃음이 전파되고 즐겁고 좋은 만남이 되었으면 하는 희망을 품어보며 오늘도 영업소 내 연인의 하루가 행복하고 보람되시길 기원해본다.

P.S.: 일 속 연인께 보내드리는 목요일의 영업 이야기 34번째를 보내드립니다. 끝까지 읽어주심에 감사드립니다.

2015년 9월 17일 삼성카드 김영란 드림

이성 사람 친구

    시원한 새벽 바람이 한낮의 뜨거운 햇살을 잊게 해주는 6월의 마지막 날이다. 열심히 달려왔던 한 달의 마무리를 하며 만족하든 서운하든 반복되는 마감은 매달 우리에게 숙제로 남겨진다.

    어제 영업소 방문을 했을 때 당직하시던 연인과 이야기하던 중 홀로되신 아버님의 여자친구에 관해 이야기를 나누었다. 외로운 나머지 여자친구에게 너무 치중하다 보니 물심양면으로 정성을 다하는 게 못마땅하다고 했다.

    요즘 젊은 사람이나 중년, 노년 사이에서 남사친, 여사친 이야기가 많이 논란이 되고 있다. 과연 이성 사람 친구가 가능할까? 의견들이 분분한 가운데 어느 단체에서는 노인의 이성 친구 만들기 프로젝트를 내놓기도 했다. 이성 친구를 통해 가족이나 동성 친구들이 채워줄 수 없는 중요한 정서적 욕구를 충족시켜준다는 게 이유이다.

우리 주변에는 동창이나 동우회 회원이나 직장 동료나 이성으로 만나는 친구들이 많이 있다. 서로 적당한 거리와 지각 있는 행동으로 만나며 편하게 일상을 이야기하는 친구라면 서로에게 도움이 되는 이성 사람 친구가 아닐까 하는 생각이 든다.

또 한 달 수고하신 영업소 연인께 수고의 박수를 보내드리며 한 달 마무리 잘하시고 기분 좋게 7월 시작하시길 응원하고 기원한다.

P.S.: 일 속 연인께 보내드리는 목요일의 영업 이야기 74번째를 보내드립니다. 끝까지 읽어주심에 감사드립니다.

2016년 6월 30일 삼성카드 김영란 드림

소박한 휴가 천렵

혹독한 더위를 피해 고향을 찾은 형제들이 상쾌한 아침을 연다.

일찌감치 아들과 사위는 고기를 잡으러 강으로 나가고 딸과 며느리는 강이 보이는 정자에 자리를 펴기 시작한다. 오함마로 큰 돌을 때려 기절한 고기를 잡고, 돌무더기를 쌓았다가 투망으로 둘러싸놓고 돌을 들어내어 투망에 걸린 고기를 잡는다. 제일 기대되는 건 전날 밤에 지렁이를 미끼로 해서 잡은 민물장어이다.

정자 옆 화덕에 걸어놓은 큰 솥에 장작불을 지펴 매운탕을 끓이고 읍내 도가에서 받아온 막걸리 한 말과 소주가 지하수에 잠겨 유혹하며 웃고 있다. 오후가 되니 맛있는 매운탕 냄새와 옥수수 삶는 냄새가 온 동네 진동하고 고향을 찾은 우리 형제와 한 분 두 분 오신 동네 어른들과 이웃집 자식들이 모이니 30명이 넘었다. 강바람이 시원하고 큰 느티나무를 지붕 삼은 정자에서 맛난 매운탕과 한잔 술로 그동안의 수고를 위로하고 숨 막혔던 더위를 식힌다.

평균 연령 80세의 어른들과 고향을 찾은 자식들의 천렵이 행복했던 이유는 뭐니 뭐니 해도 사랑이 아닌가 싶다. 정자 옆에 피워놓은 모깃불의 매캐한 연기가 운치 있게 해주는 여름밤에, 화려한 휴가가 아닌 소박한 천렵으로 흐뭇했던 하루를 잔잔하게 마무리해본다.

더워도 너무 더운 이때, 영업소 내 연인 한 분 한 분이 더위 잘 이기시고 즐겁고 행복한 휴가 보내시길 바랍니다.

P.S.: 일 속의 연인께 보내드리는 목요일의 영업 이야기 79번째를 보내드립니다. 끝까지 읽어주심에 감사드립니다.

2016년 8월 4일 삼성카드 김영란 드림

가족

설렘에 기다리던 추석 연휴는 이런저런 사연 속에 쏜살같이 지나가고 일상으로 돌아와 마음은 바쁘지만 푸른 하늘과 살랑거리는 바람에 매혹당해 가던 길을 멈추곤 한다. 연휴 뒤라서 그런지 영업소 분위기가 활기차지는 않지만, 농번기를 앞두고 경운기의 스타트 모터를 점검하듯 준비하는 연인들의 모습이 활기찬 가을을 엿보게 해준다.

1년에 두 번, 명절이 되면 의지와 관계없이 가족 친지를 만나게 된다. 설탕같이 달콤한 말 표현과 푸근함으로 행복을 주는가 하면 아픈 곳을 찌르는 불편한 관계도 있다.

1년 9개월간 일주일에 한 번씩 영업소 연인을 만나면서 가랑비에 옷 젖 듯이 일 속에서 가족 같은 진한 마음이 생기게 된다. 그런 마음들이 모여 한 분 한 분의 희로애락에 진심으로 같이 즐거워하고 슬퍼하게 된다.

하루를 시작하는 이른 아침 창밖은 어둠이 가시고 있다. 오늘도 가족 같은 내 연인의 하루가 활기차고 보람 있는 하루이길 바라며 행복한 웃 음이 가득하시길 기원해본다.

P.S.: 일 속의 연인께 보내드리는 목요일의 영업 이야기 85번째를 보내드립 니다. 끝까지 읽어주심에 감사드립니다.

2016년 9월 22일 삼성카드 김영란 드림

비익조와 연리지

가을로 접어드는 공기가 아침을 상쾌하게 해주고, 하늘에 흰 뭉게구름이 달콤한 솜사탕을 연상케 해주는 세련미 넘치는 9월이다.

매일 많은 고객을 만나면서 이런저런 사연이 많을 연인을 생각하니 지난 주말 결혼식장에서의 주례 말씀이 떠오른다. 세상에서 제일 아름다운 단어는 사랑이고, 제일 아름다운 사랑은 비익조와 연리지라고 하셨다. 꼭 부부에게만 해당하는 것은 아니고 인생을 살면서 염두에 둔다면 좋을 것 같다.

비익조 : 태어날 때부터 눈과 날개가 한 개로 태어나 암수가 한 몸이 되어야만 날아갈 수 있다는 전설의 새

연리지 : 뿌리를 달리하는 두 그루의 나무가 자라면서 가지가 서로 엉켜 한 그루처럼 잘 살아가는 나무

가정이나 사회에서 사람 관계를 이루는데 서로에게 비익조와 연리지 같은 마음이 있다면 한층 이해의 폭이 넓지 않을까?

오늘은 하늘 한 번 바라보며 감탄할 수 있는 마음의 여유가 있으시길 바라면서 좋은 일 가득하시길 기원해본다.

P.S.: 일 속 연인께 보내드리는 목요일의 영업 이야기 135번째를 보내드립니다. 끝까지 읽어주심에 감사드립니다.

2017년 9월 7일 삼성카드 김영란 드림

11월을 보내며

예쁘게 물들었던 단풍잎이 떨어져 바닥에 뒹굴고, 앙상한 나뭇가지에 금방이라도 눈이 소복하게 쌓일 것 같은 계절이 돌아왔다. 엄마들은 김장하느라 바빴고, 열심히 준비한 수험생들은 긴장 속에 실력을 쏟아붓느라 수고했다. 그렇게 바쁜 가운데 겨울맞이 11월을 마무리하고 한 해를 마무리하는 12월을 맞이한된다.

어제 영업소 방문을 했을 때 연인 여러분이 모여서 얘기하신다.

"11월은 쉬어갔지만 12월은 많이 바쁠 테니 단단히 준비하셔야 해요."

"어떻게 준비해요? 아자 아자! 준비 운동을 하고 있을까요?"

그러면서 다 같이 한바탕 웃었다. 올가을은 단풍이 유난히도 예뻐서 감동을 많이 주었다. 그런데 추석 이후로 경기가 살아나지 않아 마음을 졸인다. 영업이란 한 달을 마무리하며 결과를 돌아볼 여유도 없이 새로운 달을 맞이하는 과정을 반복하는 일이다.

11월 한 달도 열심히 하신 연인에게 수고의 박수를 보내드린다. 한 달 마무리 잘하시고 바빠질 12월을 위해 기분 좋게 마음 준비 운동하여 행복한 12월 맞이하시길 진심으로 기원해본다.

P.S.: 일 속 연인께 드리는 목요일의 영업 이야기 145번째를 보내드립니다. 끝까지 읽어주심에 감사드립니다.

2017년 11월 30일 삼성카드 김영란 드림

참 좋은 인연

겨울이 물러가기 아쉬운지 눈비와 찬바람으로 뒷모습을 보이고, 산에는 노란 생강꽃이 활짝 피어 봄을 이야기해주고 있다.

어제도 다른 날과 마찬가지로 영업소 연인을 만나 전시장에서 커피 한 잔하는데 인연이라는 주제로 대화를 하게 되었다. 수많은 사람 중에 이렇게 일로 알게 되었지만 우리는 큰 인연이 된 거라며 할머니 할아버지가 되어도 인연은 계속 이어갈 거라는 연인의 말에 지난날을 돌이켜 보았다.

3년 2개월 전에 처음 연인들을 만나 오늘까지 각각의 연인들을 만나오면서 '참 좋은 분'이라는 생각을 많이 해왔었다. 친구처럼 때로는 가족처럼 진심 어린 마음으로 가정사를 걱정해줄 때도 있었다. 연인도 나도 심신 건강하게, 참 좋은 인연으로 오래도록 함께했으면 하는 바람이다.

오늘도 연인이 꽃샘추위에 건강 유의하시고, 안전 운전하시고, 좋은 인연 많이 만나시며 좋은 일 가득하시길 응원하고 기원해본다.

P.S.: 일 속 연인께 보내드리는 목요일의 영업 이야기 159번째를 보내드립니다. 끝까지 읽어주심에 감사드립니다.

2018년 3월 22일 삼성카드 김영란 드림

변화되는 업무

낭만의 계절 가을로 가는 길에 조석으로는 바람이 선선해지고 있지만, 한낮에는 아쉬움에 돌아서지 못하는 더위가 아직 후끈하게 버티고 있다. 8월도 중후반을 달리고, 오늘도 내일도 연인과 나는 쉼 없이 전진하고 있다.

어제는 모바일 약정을 해드리려고 고객님 두 분을 만났다. 보통은 이율을 낮게 진행하기 위해 모바일로 해드린다고 하면 고맙다고 하시는데 어떤 고객님은 짜증부터 내신다. 그래도 만나서 직접 마주 대하고 설명을 하면 나쁜 고객님들은 없다. 음식의 양념이 달고 짜고 시고 하듯이 사람도 마음과 표현 방법이 다를 수 있다는 사실을 여러 번 느끼곤 한다. 모바일 진행을 해드리러 가는 고객님들은 주로 연령층이 좀 높은 분들이라 "예전에 차 살 때는 이런 거 없었는데?"라며 질문을 하기도 하시고, 세월이 많이 바뀌어서 젊은이들을 따라갈 수 없다며 '허허' 웃기도 하신다.

어제 만난 고객님 한 분은 계속 밖으로 다니면서 일하시는 분이라 길가에서 잠깐 만났는데, 초콜릿을 하나 주시며 출출할 때 먹으라고 하셔서 나도 서류 봉투에 과자 여러 가지를 담아 드리고 다니면서 드시라고 했다. 여러 고객님을 만나면서 말 한마디라도 따뜻하게 주고받는 것, 이런 게 훈훈한 삶의 일부가 아닌가 싶다.

업무 변화가 되면서 아직도 약정서를 받는 곳도 있지만, 모바일로 진행하는 경우가 많다. 흐름에 따라 현실을 바로 받아들이는 선수가 되어야 하지 않을까 생각한다.

오늘도 하고자 하는 모든 일이 잘되고 안전 운전하시길 기원하고 응원해본다.

P.S.: 일 속 연인께 보내드리는 목요일의 영업 이야기 232번째를 보내드립니다. 끝까지 읽어주심에 감사드립니다.
2019년 8월 22일 삼성카드, 국민카드, 우리카드 김영란 드림

울, 보, 미

계절의 여왕 5월도 중순에 다다라 아카시아 꽃이 거리에 만발하고, 들에는 모심기가 한창인 생기 있는 계절이다. 날씨는 봄과 여름을 오가기 때문에 건강 관리에 바짝 신경을 쓸 때이다.

어제는 할부 서류를 직접 받아야 하는 상황이라 포천에 고객님을 찾아 뵈었다. 서류를 작성하고 바로 팩스로 접수하며 고객님 사무실에 머무는 동안 고객님께서 선물을 주시겠다며 '울, 보, 미'라는 단어를 이야기하셨다.

울 – 상대의 마음을 울리고

보 – 진심으로 보여주고

미 – 상대를 미안하게 만들고

"이렇게 세 가지가 된다면 앞으로 더 잘 되실 겁니다."라고 고객님께서 덕담을 해주셨다. 집에 돌아오며 고객님 말씀을 되새겨보니 정말 맞는 말씀이었다. 진심으로 최선을 다하는 모습을 보여주면 상대방에게 그대로 전달이 되지 않을까 하는 생각이 들었다. 집으로 향하는 차창을 바라보니 해는 뉘엿뉘엿 저물어가고 있었다. 들에는 농부의 마음이, 산에는 자연의 마음이 보여 하루를 마치고 돌아가는 내 마음에 평온함을 주었다.

오늘도 일정이 바쁠 연인의 진심이 고객님께 전해지고, 좋은 일로 많이 웃을 수 있는 하루 보내시길 응원해본다.

P.S.: 일 속 연인께 보내드리는 목요일의 영업 이야기 268번째를 보내드립니다. 끝까지 읽어주심에 감사드립니다.

2020년 5월 14일 삼성카드, 국민카드, 우리카드 김영란 드림

자라 보고 놀란 가슴
솥뚜껑 보고 놀란다

살랑살랑 바람에 공기가 상쾌해지고, 하늘은 온갖 모양을 내며 멋을 과시하는 완연한 가을이다. 바바리 옷깃을 세우고 예쁜 스카프를 날리며 다니는 사람들 또한 멋져 보이는 때이다.

한글날 3일, 연휴를 마치고 일주일의 시작인 월요일 아침에 일산을 향해 달리고 있는데 한 통의 전화를 받았다. 일주일 전에 모바일 약정해드리러 방문했던 식당에 확진자가 다녀가서 식당 사장님이 검사를 받으러 갈 것이라고 했다. 다니면서 마스크도 철저하게 썼고, 차도 안 마시고, 식사도 차에서 해결했는데 고객님의 휴대폰을 만지고 면허증과 카드를 만졌기에 걱정에 걱정을 더했다. 혹시 모를 상황에 대비해서 영업소 방문을 하는 건 피해가 될지 몰라 핸들을 돌려 집으로 돌아왔다.

집으로 돌아와서 일하면서도 계속 엄습해오는 불안감에 체온을 수시로 재보고 냄새를 맡을 수 있는지, 맛을 볼 수 있는지 확인하며 불안에 떨었다. 검사받으러 가신 고객님과 여러 번 통화 끝에 고객님도 역학조사 결과 관계가 없어서 검사를 안 받아도 되고, 나는 더더욱 날짜가 아무 상관이 없다고 확인을 받았다.

불안함에 떨며 보냈던 하루가 얼마나 길었는지 모른다. "만약에?"라고 상상했던 시간 동안 얼마나 많은 생각을 했는지, 관계가 없다는 말에 얼마나 감사했던지, 하루에 오갔던 마음들을 추스르고 더 조심하며 다녀야겠다고 생각했다. 이런 불안함을 해결하려면 그나마 마스크를 잘 쓰고 수시로 손 씻고 소독하는 방법밖에 없다고 생각한다.

오늘도 많은 곳을 다니시고 많은 분을 만나실 연인도 코로나를 잘 방어하시고, 안전 운전하시고, 보람 있는 하루 보내시길 기원해본다.

P.S.: 일 속 연인께 보내드리는 목요일의 영업 이야기 288번째를 보내드립니다. 끝까지 읽어주심에 감사드립니다.
2020년 10월 15일 삼성카드, 국민카드, 우리카드 김영란 드림

뭉치면 확진되고 흩어지면 안전하다

본격적인 겨울로 들어서면서 일교차가 커서인지 감기 환자가 많이 늘었다는 기사를 볼 수가 있다. 감기와 더불어 코로나 확진자도 부쩍 늘어나고 있어서 우리나라 전역이 비상이 아닐 수 없다.

2월부터 시작해서 장기간 코로나를 겪다 보니 조금은 정신적으로 면역이 되어 "잠깐 조심해서 모임을 하면 되겠지? 만나서 간단히 식사해도 되겠지?" 하는 마음들이 어쩌면 3차 유행을 불러왔는지도 모른다. 그건 우리 모두의 책임이고, 누가 더 조심하고 누가 덜 조심했느냐의 차이가 있겠지만, 이번 확산은 한 지역이 아니라 전국적인 데다 수도권 전역에 집중되기 때문에 긴장하지 않으면 안 될 상황이다.

어제는 연령대가 많으신 고객님께서 모바일 약정을 못 하셔서 방문해서 해드리겠다고 했더니 딸한테 가서 해달라고 하겠다며 방문을 기분 나쁘지 않게 거부하셨다. 현 상황에서는 누구든 만나는 것에 대한 부담이 있는 것이 정상인 듯싶다. 일상은 그대로이지만 되도록 비대면으로 해서 후유증 많고 아픈 소나기는 피해야 하지 않을까 생각한다.

오늘도 연인이 코로나로부터 안전하시길 바라며, 감기 조심하시고 기분 좋은 일 많이 생기시길 기원해본다.

P.S.: 일 속 연인께 보내드리는 목요일의 영업 이야기 293번째를 보내드립니다. 끝까지 읽어주심에 감사드립니다.

2020년 11월 26일 삼성카드, 국민카드, 우리카드 김영란 드림

간절한 기도

오늘은 샌드위치 휴일을 보낸 뒤의 월요일 같은 목요일이다. 어제는 부처님 오신 날이었고, 전국에 날씨도 화창해서 곳곳에 절에도 가고 관광명소에 가서 SNS에 올리는 지인들의 예쁜 사진들이 풍년이었다.

친한 후배는 사진을 보내며 "언니, 저 강원도 절에 와서 기도했어요." 라고 말해서, "그래, 앞으로 더 잘될거야."라고 진심으로 답장을 했다. 나는 친구와 가까운 산에 올라가 자연 속에 몸과 마음을 맡기며 시간을 보냈다. 둘이서 작은 돌을 쌓으며 종교를 떠나 마음속으로 앞으로의 바람들을 기도했다.

사람들에게는 각자의 사연이 있고 기도가 있다. 열심히 움직이면서 우리는 마음에 품은 계획이 이루어지기를 바라고 있다. 그런 간절한 마음과 부지런한 행동이 같이 수반된다면 꼭 이루게 될 것이다.

달콤한 휴일을 보낸 후 다시 나사를 조이고 일상으로 돌아가면서, 오늘도 연인이 어떤 마음으로 어떤 목표를 가지고 있든 좋은 결과로 이어지길 이른 아침에 간절히 기도해본다.

충분한 비로 인해 산야가 싱싱한 초록이 짙어지고, 눈이 부신 햇살과 기분 좋게 부는 바람이 활동하기 참 좋을 때이다. 오늘도 마음의 신발 끈을 조여 매며 하루를 시작하실 내 연인에게 원하는 기도가 모두 이루어지길 바라며 안전 운전하시길 기원해본다.

P.S.: 일 속 연인께 보내드리는 목요일의 영업 이야기 317번째를 보내드립니다. 끝까지 읽어주심에 감사드립니다.

2021년 5월 20일 삼성카드, 국민카드, 우리카드 김영란 드림

거리를 두어야 할 사람

흰 구름이 몽글몽글 하늘을 떠다니고, 시원한 바람이 기분 좋게 스치는 최고의 계절 가을이다. 들녘에는 황금 벼들을 수확하느라 콤바인이 바쁘게 움직이고, 거리에는 나무들이 예쁜 옷으로 갈아입느라 열심히 미술 공부를 하고 있다.

두 번의 꿀맛 같은 연휴가 끝나고 본격적으로 일상으로 돌아와 내 연인도 나도 열심히 움직이고 있다. 어제 방문한 영업소에서 연인 한 분이 친하게 지내는 한 친구가 늘 부정적이고 사기를 떨어트리는 이야기를 한다고 하셨다. 예전 직장에서 영업조직에 근무할 때 내가 팀원들에게 항상 하던 말이 생각났다.

"우리 같이 영업을 하는 사람은, 오전에는 되도록 '사는 게 힘들다. 죽고 싶다. 일하기 싫다.' 등등 부정적인 말을 하는 사람하고는 통화를 하지 말고 만나지도 말아야 한다. 힘차게 시동을 걸고 하루를 시작하는 우리의 사기를 떨어트리고 도움이 되지 않는다."

그리고 상대적 박탈감을 느낄 만큼 대화에 있어서 남을 배려하지 않는 사람은 멀리해야만 나의 귀하고 소중한 삶을 보존할 수 있다. 그런 대상이 고객님이라면 일이니 어떠한 것도 극복하지만, 가까이 지내는 지인이 늘 그런다면 생각해볼 일이다.

기분 좋은 시원한 바람과 함께 목요일 아침이 밝아오고 있다. 오늘은 만나는 사람마다 칭찬 한마디 해주며 상대방을 기분 좋게 해주면 어떨까 하는 생각을 해본다.

오늘도 연인이 만나는 고객님과 아름다운 대화 꽃을 피우시길 바라며, 환절기에 건강 챙기시기를 기원해본다.

P.S.: 일 속 연인께 보내드리는 목요일의 영업 이야기 338번째를 보내드립니다. 끝까지 읽어주심에 감사드립니다.
2021년 10월 14일 삼성카드, 국민카드, 우리카드 김영란 드림

... 이어지면 강가에 얼음이 단단하게 얼어 얼...
... 놀이터가 된다.
... 썰매를 타고 어른들은 얼음 깨서 가물치 잡아 붙어 등 큰 고기를
... 잡아가고, 썰매 한 바퀴 타고 오면 그 고기가 우리 입으로 들어...
... 시간은 양은 도시락이 난로 위에서 우리를 기다리고 있을 때이...
... 도시락은 늘 부족해져라 마늘쫑 반찬이지만 군침을 삼킬 정도...
... 도시락에 밥과 반찬을 담아 먹으며 옛 추억에 빠져본다고
... 같이 따뜻한 옛 추억을 생각하며 씩씩하게 추위를 즐기

PART 7

내게
감동을
선물한
영업 편지

남편이라는 이름으로 힘든 당신에게

애타게 가물었던 기억이 잊힐 정도로 비가 잦은 8월이다. 휴가를 마치고 본격적인 업무에 들어가니 각자의 발걸음이 분주하고 마음은 더 바쁜 것 같다.

어제 영업소 당직하시던 연인이 하시는 말씀이, 이렇게 힘들게 일하는데 집에서는 늘 수입에 만족하지 않고 불만투성이라 힘들다고 하신다. 아이 셋 키우면서 나도 남편에게 불평이 많았던 적이 있어서 몇 년 전에 썼던 시를 소개해본다.

남편이라는 이름으로 힘든 당신에게

- 김영란

쳐다보는 눈빛을 보고 생각을 알고

말 못 하는 몸짓을 보고 마음을 느낍니다.

삼십여 년 힘든 삶에 원망 섞인 미움도 컸고

가슴 저리게 고맙고 소중한 순간이 있어 행복했습니다.

남자라는 이유로 온갖 투정 다 받아주고

미안해서, 안쓰러워서, 마음으로 우는 당신 보며

저는 가슴으로 울었습니다.

건강해도, 화목해도, 돈 하나로 모든 걸 묻어버리고

불행한 내 인생으로 몰아세우는 저를 보며

본인의 못난 탓이라 여기고

당신은 묵묵히 지켜보아 주었습니다.

아직도 비워지지 않는 욕심 보따리는

오늘도 나를 비참하게 하고

잡히지 않는 그 무엇을 찾아

정신없이 헤매고 있습니다.

이제 어느 곳을 신고 가도 편한 낡은 신발처럼

당신에게 편한 마음을 주고 싶습니다.

사랑은 뜨거운 것이 아니라

은은한 것이라는 것을,

눈빛으로 말없이 애태우는 당신의 마음을

철없던 아내가 이제야 조금 알 것 같습니다.

단단히 매어진 욕심 보따리를 조금씩 풀어

한 번 가면 오지 않는 세월 속에 날리고

가벼워진 마음으로 살아가려 힘쓰겠습니다.

남자라는 이유로

어제도, 오늘도, 내일도 힘든 마음 안고

살아가는 당신께 처음으로 말합니다.

고맙고 미안하다고.

오늘도 힘들지만, 힘차게 시작하실 연인의 발길 앞에 기쁨에 찬 웃음이 가득하시길 응원하고 기원해 봅니다.

P.S.: 일 속 연인께 보내드리는 목요일의 영업 이야기 132번째를 보내드립니다. 끝까지 읽어주심에 감사드립니다.

2017년 8월 17일 삼성카드 김영란 드림

추억의 양은 도시락

최강 한파에 대비하라는 뉴스가 오늘 집중적으로 나오고 있다. 최강 추위라고 하니 어릴 적 생각이 난다. 영하 20도를 넘나드는 추위가 이어지면 강가에 얼음이 단단하게 얼어 어른 아이 할 것 없이 모두에게 집 앞 강가가 놀이터가 된다.

얼음판에서 아이들은 썰매를 타고 어른들은 얼음 깨서 가물치, 잉어, 붕어 등 큰 고기를 작살로 잡아 올리면 우리는 강가가 떠나갈 듯 함성을 지르며 좋아했다. 강가에 지펴놓은 모닥불에는 방금 잡힌 고기가 철사에 걸쳐 익어가고, 썰매 한 바퀴 타고 오면 그 고기가 우리 입으로 들어올 생각에 마냥 행복했다.

추운 겨울 학교에서 제일 즐거운 시간은 양은 도시락이 난로 위에서 우리를 기다리고 있을 때이다. 솔방울 난로에 매일 달구어진 양은 도시락은 늘 무장아찌와 마늘쫑 반찬이지만 군침을 삼킬 정도로 우리를 설레게 했다. 지인 언니는 그 추억을 살려보고 싶어서 양은 도시락을 여러 개 사놓고 친구들 모임 있을 때나, 부부가 가끔 양은 도시락에 밥과 반찬을 담아 먹으며 옛 추억에 빠져본다고 한다.

강추위라고 추워서 웅크리기보다는 엄마 품같이 따뜻한 옛 추억을 생각하며 씩씩하게 추위를 즐기는 것도 좋지 않을까 생각한다.

연인 한 분 한 분이 날씨는 추워도 마음은 따뜻한 하루 보내시길 바라며 감기가 극성을 부리는 요즘 건강 관리 잘 하시고 오늘도 좋은 일로 가득하시길 기원해본다.

P.S. 일 속 연인께 보내드리는 목요일의 영업 이야기 151번째를 보내드립니다. 끝까지 읽어주심에 감사드립니다.

2018년 1월 11일 삼성카드 김영란 드림

단비

　새벽부터 비가 내리고 있다. 온갖 식물들도 신나게 수분 섭취를 할 것이고, 농작물을 심어야 할 들판을 좋은 토질로 만들어주는 고마운 단비다.

　우리 사람들에게도 단비 같은 존재가 있다. 가족은 물론이고 일 속에서 나에게 단비는 영업소 연인이 될 것이고 연인의 단비는 신차를 구매하는 고객일 것이다. 각자에게 단비 같은 존재가 있기에 감사하고 가슴뭉클한 보람을 느끼고 또 희망을 찾아다니는 것 같다.

　때로는 아픈 소나기를 맞게 되어 상처가 될 때도 있지만 단비가 내려싹이 나고 꽃이 피고 열매가 맺듯이 인생도 그런 것 같다. 오늘 열심히 일하면서 맞는 비가 산성비라 할지라도 단비로 변할 것이라는 희망을 품고 평생을 살아가는 것이 아닌가 싶다.

비 내리는 목요일, 빗길 안전 운전하시고 오늘도 연인 앞에 고객이 단비가 되어 내려주길 응원하고 기원해본다.

P.S.: 일 속 연인께 보내드리는 목요일의 영업 이야기 158번째를 보내드립니다. 끝까지 읽어주심에 감사드립니다.

2018년 3월 15일 삼성, 국민카드 김영란 드림

손 편지

    예쁜 꽃들의 향연 앞에 바람과 비가 번갈아 가며 피날레를 장식해주고, 희망의 봄이 깊어가는 아름다운 계절이다. 4월도 중순을 향해 달리고 있고 영업소 연인도 나도 늘 그러하듯이 이달도 열심히 무에서 유를 만들고 있다.

    어제 영업소 연인이 고객님으로부터 손 편지를 받은 이야기를 해주셨다. 중고차 매매부터 신차 구매까지 신경을 많이 써주셔서 고맙다는 고객님의 정성이 가득 담긴 손 편지였다. 20여 년 만에 받아보는 손 편지에 너무 감동적이었다고 하면서 본인도 손 편지를 써서 이 감동을 누군가에 똑같이 느끼게 해주고 싶다고 하셨다.

요즘은 SNS 한 줄로 마음을 전하는 세상이다 보니 손 편지를 받아보기가 힘들어서 감동의 농도가 짙은 것 같다. 말로 하는 건 스치는 바람처럼 지나가버리고, SNS로 보내는 건 하루에도 수없이 오는 카톡이나 문자에 묻혀 무게감이 없지만, 손 편지는 쓰는 정성만큼 읽는 것도 몇 번을 반복해서 읽게 되는 것 같다.

오늘은 누군가에게 한 통의 손 편지로 감동을 주면 어떨까? 내 연인들의 오늘이 손 편지의 감동보다 더 진한 감동의 물결이 흐르는 하루가 되시기를 기원해본다.

P.S.: 일 속 연인께 보내드리는 목요일의 영업 이야기 162번째를 보내드립니다. 끝까지 읽어주심에 감사드립니다.

2018년 4월 12일 삼성, 국민카드 김영란 드림

마중물 사랑

수도가 없던 어린 시절, 저녁 지을 시간이 다가오면 동생과 나는 마중물 한 바가지를 들고 마을에 공동으로 사용하는 펌프로 간다. 마중물을 펌프에 붓고 열심히 펌프질하면 물이 나오기 시작하고, 동생과 나는 양동이에 물을 담아 손잡이에 나무를 걸어 양쪽에서 들고 신이 나 여러 번 물을 나르곤 했다.

하루 사용할 물을 집으로 나르고 나면 하루 일을 마무리한 듯 뿌듯했고, 저녁 짓는 아궁이에 부지깽이로 불장난하다가 엄마한테 혼쭐이 나면서도 저녁밥을 기다리는 마음이 행복했었다.

40여 년이 지난 지금도 그 시절 마중물을 종종 생각한다. 마중물 정신에는 지금 당장 눈앞에 보이는 달콤함에 현혹되는 게 아닌, 인내, 기다림, 양보, 그리고 신뢰라는 중요한 메시지가 담겨 있다.

본격적으로 9월이 시작되니 하늘도 아름답고 아침저녁으로 시원한 바람이 기분 좋게 해주고 있다. 내 인생에 마중물 사랑이 되어주신 연인에 대한 감사한 마음을 다시금 느끼며, 고마운 연인에게 마중물이 되어 드리고 싶은 마음으로 하루를 시작해본다.

P.S.: 일 속 연인께 보내드리는 목요일의 영업 이야기 183번째를 보내드립니다. 끝까지 읽어주심에 감사드립니다.

2018년 9월 6일 삼성카드, 국민카드 김영란 드림

바람 같은 인생

청명한 하늘과 신선한 바람이 매일 감동을 주어, 가을 타고 어디론가 떠나야 할 것 같은 막연한 생각이 드는 감성적이고 멋진 계절이다.

어제 서류를 받기 위해 고객님을 만났는데 "바람의 길을 아세요?"라고 내게 질문을 하신다. "저는 모르죠."라고 답했더니 "바람의 길을 모르듯 우리 인생의 길도 한 치 앞을 알 수 없는 것 같아요."라고 하셨다. "떵떵 대며 사업 잘하던 때를 지나 빚 독촉에 쫓겨 다니다가 지금은 좋은 차도 사고 저금하는 날을 살고 있으니 어찌 내일을 알겠어요. 앞이 안 보여도 열심히 살다 보니 오늘 같은 날이 오더라고." 하시면서 허허허 웃으신다.

"인생은 바람 같다." 흔히 쓰던 말인데 고객님의 말을 들으니 정말 의미 있는 말인 듯하다.

차를 구매하는 고객님을 상대하는 연인의 일이나 연인의 전화를 기다리는 내 일이나 뜻하지 않은 어려움이나 난관에 부딪히는 때가 있다. 열심히 풀어가면 그것은 현재에 머물지 않고 지나가서 언젠가 지난 이야기로 말하는 날이 온다는 것을 매번 느낀다.

바람 같은 인생을 좀 더 근사하게 만들기 위해 오늘이라는 열차에 시동을 부릉부릉 힘껏 걸어볼까 한다. 오늘도 하루를 열어가는 연인의 마음에는 희망의 불꽃이 훨훨 타고, 얼굴에는 미소를 머금는 멋진 모습으로 시작하시기를 기원하고 응원해본다.

P.S.: 일 속 연인께 보내드리는 목요일의 영업 이야기 184번째를 보내드립니다. 끝까지 읽어주심에 감사드립니다.

2018년 9월 13일 삼성카드, 국민카드 김영란 드림

뜻밖의 작은 행복

　창밖을 두드리는 빗소리와 함께 목요일을 연다. 며칠간 심했던 미세먼지를 씻어내려고 하는지 오늘 많은 비가 온다고 한다.

　오늘 새벽 자다가 문득 잠이 깨어 시간을 보니 새벽 3시였다. 몇 시간 더 자도 된다는 생각에 순간 너무 행복했다. 이런 작은 것에도 이렇게 행복하구나. 생각을 해보니 소소한 행복들이 생각난다.

　뜻밖의 행복은 복권 당첨처럼 큰 것이 아니라도 느낄 수 있다. 시간이 급해서 성급히 엘리베이터를 타려고 뛰어갔는데 마침 도착해서 문이 열

렸을 때도 너무 행복하고, 일이 어렵게 꼬여서 겁을 먹었는데 의외로 일이 잘 풀릴 때도 너무 행복하다.

작은 행복은 이런저런 모습으로 우리에게 다가오지만 어쩌면 행복이라고 느끼지 못하고 지나치는 경우가 있다. 가장 불행한 순간에 오히려 행복을 맛볼 수 있고, 가장 행복한 순간에 세상이 무너지는 듯한 불행을 맛볼 수도 있는 게 바로 인생이다.

오늘도 빗길 안전 운전하시고 더욱더 행복한 날 되시기를 기원해본다.

P.S.: 일 속 연인께 보내드리는 목요일의 영업 이야기 192번째를 보내드립니다. 끝까지 읽어주심에 감사드립니다.

2018년 11월 8일 삼성카드, 국민카드 김영란 드림

어부바 사랑

한 해의 반을 마무리하는 6월도 중순에 다다르고, 날씨는 쾌청하고, 어제 세계 청소년 축구 대회에서 우리나라가 결승에 진출하면서 나라가 떠들썩했다. 축구 때문에 잠을 못 자서 눈이 충혈된 연인들도 기분은 너무 좋다고 하셨다.

한국과 에콰도르의 경기가 1-0 한국의 승리로 끝나며 결승 진출이 확정된 뒤 U-20 대표 팀 이광연 골키퍼가 김대환 골키퍼 코치의 등에 업혀 포효하고 있었다. 피땀 흘린 지난 시간과 마음고생이 심했을 심정을 이해하기에 순간적으로 어부바 사랑으로 업고 업히고 했을 것이다.

우리 연인도 시간과 정성과 노력으로 한 건 한 건 결실을 얻을 때 누구보다도 마음으로 나를 업어주고 안아주는 나 자신을 향한 어부바 사랑을 해야 한다고 생각한다.

중장기적으로 경기 침체가 왔다는 일부 언론과 실제 피부로 느끼는 요즈음 전반적인 흐름이 좋지 않지만 그럴 때일수록 서로가 서로에게, 나 자신에게 토닥여주는 엄마의 마음 같은 사랑이 필요하다.

오늘도 바쁘게 움직이실 연인 앞에 좋은 일만 가득하시길 바라며 사랑 많이 주고받는 오늘 되시기를 기원해본다.

P.S.: 일 속 연인께 보내드리는 목요일의 영업 이야기 221번째를 보내드립니다. 끝까지 읽어주심에 감사드립니다.

2019년 6월 13일 삼성카드, 국민카드 김영란 드림

추석 마중

"얘들아, 엄마는 방앗간에 떡가루 **빻**으러 읍내 다녀올 테니 솔잎 좀 따다 놔라."

추석을 며칠 앞두면 이것저것 준비에 바쁘다. 초등학생인 나와 여동생은 평소에 귀한 쌀밥과 떡 먹을 생각에 신이 나서 보자기를 허리춤에 차고 산으로 올라간다. 동생과 나는 솔잎을 따다가 목이 마르면 찔레 줄기도 꺾어 먹고 잔대 잎새도 먹고 1년에 두 번 있는 풍성한 명절 맞이에 마냥 기분이 좋다.

허리춤에 찬 보자기가 불룩하도록 솔잎을 따고 산에서 내려와 읍내 가신 엄마를 기다리러 버스 종점에 간다. 동생과 한참 동안 공기놀이를 하며 기다리면 부웅 소리를 내며 버스가 도착한다. 읍내 다녀오시는 어른들이 한 분 두 분 내리시고 엄마가 내리면 엄마 머리 위 양동이에 쌀가루 외에 양손에 들린 것이 궁금하다. 그 봉지를 받아 들고 동생과 나는 최고 속도로 집으로 달려가 봉지를 열어본다. 봉지 안에 들어있던 동생과 나의 예쁜 추석빔을 바로 입고서 방을 돌아보는 시간은 행복 그 자체였다.

어린 시절 추석을 회상해본다. 지금은 쌀밥도 새 옷도 마음대로 살 수 있는 시절이 왔는데 그때만큼 명절 기다림이 벅차지는 않다. 그래도 사랑하는 가족이 모여 맛난 음식 먹고 여유로운 시간을 보낸다는 게 바쁘게 사는 이 시대에 명절이 주는 고마움이기도 하다.

내게 오늘을 만들어주신 고마운 연인도 사랑하는 가족과 더불어 행복한 명절을 맞이하시길 바라며 오늘도 빗길 안전 운전하시고 날씨는 흐림이지만 마음은 맑음이시기를 기원해본다.

P.S. : 일 속 연인께 보내드리는 목요일의 영업 이야기 234번째를 보내드립니다. 끝까지 읽어주심에 감사드립니다.

2019년 9월 5일 삼성카드, 국민카드, 우리카드 김영란 드림

평범함의 행복

예쁜 꽃들이 여기저기에서 선을 보이고 파란 하늘은 가을이 아닌가 착각을 할 정도로 예쁜 희망의 봄이 성큼 다가왔다. 이 좋은 계절에 사회적 거리 두기 운동으로 날개 펴고 다니지 못하고 나날이 심리적으로 위축된다.

요즘 연인들을 만나면 의연하게 씩씩한 분도 있지만, 마음대로 할 수 있는 것이 없어서 우울하고 답답한 것이 한계를 넘었는데 언제 코로나가 끝날지 걱정이라고 많이 얘기하신다. 어떤 연인은 하고 싶은 것을 하고 가고 싶은 곳을 가던 평범한 일상이 그립다며, 당연하게 여기던 평범함이 큰 행복이었음을 코로나를 겪으며 새삼 알게 되었다고 하신다.

'요즘은 다녀도 불안하고 안 다녀도 불안하다'는 한 연인의 말에 공감하며, 그래도 우리 모두 힘을 내고 마음을 잘 다스려서 이 시기를 극복하고 그리워하는 평범한 일상으로 돌아가는 것이 지금 너와 나, 우리 모두의 바람일 것이다.

오늘도 움직이실 때 안전 운전하시고, 기분 좋은 일 많이 생기시길 기원하고 응원해본다.

P.S.: 일 속 연인께 보내드리는 목요일의 영업 이야기 261번째를 보내드립니다. 끝까지 읽어주심에 감사드립니다.

2020년 3월 26일 삼성카드, 국민카드, 우리카드 김영란 드림

반가운 봄맞이

봄은 왔는데 겨울이 물러가기 아쉬운지, 꽃샘추위가 찾아와 아침저녁 기온도 내려가고 봄바람은 여느 때보다 강하게 불고 있다. 기온 차가 심한 날씨가 이어지고 있어서 건강에 더욱 신경을 써야 할 때이다.

지난 주말에는 친구들과 봄나물을 채취하러 갔었다. 도시락을 준비하고 산에 올라 나물을 채취하니 어린 시절이 생각났다.

"동무들아 오너라 봄맞이 가자. 너도나도 바구니 옆에 끼고서 달래 냉이 씀바귀, 나물 캐오자 종다리도 높이 떠 노래 부르네."

친구들과 산으로 들로 다니고 나물 뜯으며 부르던 동요를 흥얼거리니 동심으로 돌아가 새삼 즐거웠다. 높은 산에서 잠시 마스크로부터 해방된 것도 좋았다.

봄에는 언 땅을 뚫고 나오는 봄나물을 먹는 것이 보약이라고 한다. 코로나와 꽃샘추위 속에서 건강을 지키기 위해, 적당한 운동과 신선한 나물과 건강을 지키는 식습관이 필요한 시기인 것 같다.

이번 주말에는 늘 수고하시는 연인이 상큼한 바람과 아름다운 꽃들을 보며 진정 봄을 느껴보는 건 어떨까 하는 생각을 해본다.

4월도 후반으로 달리고 있다. 오늘도 내 연인이 바쁜 일정을 소화하며 좋은 일로 가득하시기를 바라며, 상큼한 봄기운으로 기분 좋은 하루를 시작하시길 응원해본다.

P.S.: 일 속 연인께 보내드리는 목요일의 영업 이야기 265번째를 보내드립니다. 끝까지 읽어주심에 감사드립니다.

2020년 4월 23일 삼성카드, 국민카드, 우리카드 김영란 드림

겨우살이 준비

멋있는 계절의 상징인 단풍이 바람에 떨어지는 낙엽이 되어 바닥에 쌓이고 아침저녁으로 느껴지는 찬바람이 초겨울임을 알려주고 있다.

나무가 낙엽을 만드는 이유는, 나무가 물을 흡수하는 기능이 약해져 잎을 통해 배출되는 수분을 차단하고 보호하기 위해서다. 즉, 가을 겨울에는 땅으로부터 흡수할 수분이 적어 잎으로 가는 수분을 나무 스스로가 차단해버리므로 잎이 말라 떨어진다는 의미다. 그렇게 나무도, 우리도 겨울을 맞이하기 위해 준비하고 있다.

내 고향 시골은 절임 배추를 많이 하는 곳으로 오다가다 배추밭을 많이 볼 수가 있다. 이번 주부터 이른 김장을 하는 손길들이 바빠진다고 한다. 예전에는 김장하고 연탄 들여놓으면 겨울 준비 다 했다고 생각했는데, 요즘은 김장을 안 하는 분들도 있고 난방도 스위치만 누르면 되기 때문에 대대적으로 하는 겨울 준비는 없기도 하다.

그러나 옷 따뜻하게 입고 체온 관리 잘하며 마음을 따뜻하게 하는 것 역시 겨울 준비가 아닌가 생각한다. 긴 코로나로 인해 막혀 있는 많은 것들을 어찌하지 못하고 마음이 답답한 부분이 있을 수 있지만, 다시금 가다듬고 마음을 따뜻하게 가져보는 것도 겨우살이 준비로 중요한 것 같다.

점차 기온이 내려가는 이 시기에 오늘도 내 연인이 건강 관리 잘 하시고, 몸은 추워도 마음만은 따뜻한 하루 보내시길 기원해본다.

P.S.: 일 속 연인께 보내드리는 목요일의 영업 이야기 290번째를 보내드립니다. 끝까지 읽어주심에 감사드립니다.

2020년 11월 5일 삼성카드, 국민카드, 우리카드 김영란 드림

한 해를 보내며

새로운 계획과 희망으로 시작했던 2020년도 오늘이 마지막 날이다. 뒤돌아보면 많은 일이 있었지만, 올해의 제일 큰 사건이자 이슈는 코로나19가 아닌가 싶다.

건강을 빼앗아 가고 경제적인 타격을 주기도 하며, 사람들 간의 만남을 막고, 제약하고, 여러 가지로 힘들게 적응하고 참으며 지내온 시기였고, 지금도 진행형이다. 그러는 중에도 마스크를 방패막이로 삼고 내 연인과 나는 열심히 앞을 향해 전진했고, 지금도 살얼음판을 걷듯 조심하며 하루하루를 보내고 있다.

이제 백신을 맞는 나라도 있고, 우리나라도 1~2분기에 백신을 맞는다는 희망을 품고 조금 더 힘을 내서 코로나에 걸리지 않고 백신을 맞아 날개를 펴야 할 것 같다. 어느 해보다 힘들었던 올해도 내게 힘이 되어주신 연인에게 감사의 말씀을 드리고 싶다.

올 1년도 정말 제 마음속 깊이 감사드립니다. 지금까지 받은 고마운 마음으로 새해에도 더 열심히 적극적으로 대처하며, 내 연인께 피해가 되지 않고 조금이나마 도움이 되도록 노력하겠습니다.

오늘 마지막 날 마무리 잘하시고, 신정 연휴 안전하게 잘 보내시고, 새해에는 코로나 종식되어 가고 싶은 곳 훨훨 다니는 날 기대하며, 계획하시는 2021년도 바라시는 모든 일들 이루시는 최고의 해가 되기를 기원하고 응원하겠습니다.

P.S.: 일 속 연인께 보내드리는 목요일의 영업 이야기 298번째를 보내드립니다. 끝까지 읽어주심에 감사드립니다.

2020년 12월 31일 삼성카드, 국민카드, 우리카드 김영란 드림

농한기의 아름다운 노부부 모습

봄으로 가는 길목, 한낮 기온이 점점 따스해져서 작은 풀들이 고개를 내밀고 있고, 큰 나무도 뿌리에서 가지로 에너지를 뿜어 곧 잎이 나올 것만 같다. 봄은 희망이고, 모든 새싹은 죽었던 감성도 살려주는 예쁜 힘을 준다.

어제 오후에 연천군에 있는 농가를 찾아갔다. 곧 초록 옷을 입을 산과 들판을 지나 70대 중후반 고객님 댁에 들어섰다. 동네 어른분들이 모여서 재미로 화투를 치고 있었고, 지금은 농사일이 없어서 재미로 화투를 치는데 곧 농사일이 바빠지면 이런 놀이도 끝이라고 하시며 웃음을 지으신다. 얼른 커피를 타시려고 해서 "고객님, 저희는 고객님 댁에 방문해서 마스크를 벗고 음식을 섭취하면 안 된다고 공문이 내려왔어요."라고 말씀드리니 "아, 그렇군요." 하시면서 고개를 끄덕이신다.

고객님 모바일을 도와드리고 머무는 동안에 동네 어른들은 각자 저녁밥을 짓는다고 돌아가시고, 두 분이 남아서 하시는 말씀이 자식들은 모두 나가서 살고 두 부부가 덜렁 있다 보니 겨울에는 썰렁한 게 더 많이 느껴져서 둘이 의지하고 이렇게 산다고 하신다. 남자 고객님의 귀가 잘 안 들려서 여자 고객님이 남편의 귀가 되어준다고 하시는 말씀에 가슴이 뭉클했다. 부부는 서로에게 받기도 하지만 상대의 부족한 점을 채워주는 것이 최고의 아름다움이 아닌가 싶다.

일을 마무리하고 고객님 집을 나서는데, 마당까지 나오셔서 손까지 흔들어주시는 두 분을 뒤로하고 집으로 돌아오면서 고객님 때문에 마음이 따뜻해짐을 느끼고 붉어지는 노을을 보며 하루 일정을 훈훈하게 마무리했다.

오늘도 바쁜 일정을 소화하실 연인이 마음 따뜻하고 행복한 하루 보내시길 응원하고 기원해본다.

P.S.: 일 속 연인께 보내드리는 목요일의 영업 이야기 306번째를 보내드립니다. 끝까지 읽어주심에 감사드립니다.

2021년 3월 4일 삼성카드, 국민카드, 우리카드 김영란 드림

인생에서 가장 행복한 시기

곳곳에 예쁘게 핀 꽃이 주말에 내린 비로 인해 하나둘 사라지고 눈을 시원하게 해주는 새싹들이 여기저기서 나오고 있다. 한낮에는 기온이 많이 올라가서 희망과 설렘이 있는 봄이 빨리 가버릴까 봐 미리 아쉬운 마음이 든다.

어제는 서울시장과 부산시장 재보궐 선거가 있었다. 마음속으로 밀었던 후보가 되어 기쁘기도 하겠고 마음속에 있던 후보가 안 되어 속상하기도 하겠지만, 오직 시민들을 위한 당선자가 되어주기를 바랄 뿐이다.

어제는 연인 한 분이 나에게 질문을 하신다. "실장님은 인생에서 가장 행복한 시기가 언제예요? 저는 지금이 인생에서 최고 행복하다는 생각이 들어요."라고 하신다. 나는 그 시기가 언제일까 하고 생각을 해봤다. 자식을 낳았을 때? 처음으로 집을 샀을 때? 아마 그런 것들은 강렬하게 기억에 남는 순간순간의 행복이었고, 아이들 다 키워놔서 본인들 앞가림 할 수 있고, 나 나름대로 자유도 있는 지금이 제일 행복한 것 같다.

어느 조사에서 행복의 만족도를 조사해보니 높게 나온 것이 50~65세였다고 한다. 아이들 키우느라 경제적으로나 여러 가지로 힘든 시기를 지나 나 자신을 돌보고 나를 챙길 수 있는 나이가 50대인 듯싶다.

연인들은 인생에서 가장 행복한 시기가 언제일까?
행복한 순간이 오늘이기를 바라본다.

오늘도 바쁜 일정을 소화하실 연인이 찐한 행복을 많이 느끼시는 하루가 되시기를 기원하고 응원해본다.

P.S.: 일 속 연인께 보내드리는 목요일의 영업 이야기 311번째를 보내드립니다. 끝까지 읽어주심에 감사드립니다.

2021년 4월 8일 삼성카드, 국민카드, 우리카드 김영란 드림

5월의 마지막 주

아름다운 꽃과 신록의 푸르름이 공존하던 계절의 여왕 5월도 마지막 주를 달리고 있다. 눈에 보이지 않고 손으로 잡을 수 없는 시간은 우리의 의지와 관계없이 앞을 향해 가고 있는데, 우리에게는 때론 쏜살같이 때론 느림보처럼 느껴지기도 한다.

어제는 모바일 약정을 해드리기 위해서 70대 중반의 고객님을 영업소 전시장에서 만났다. 인사를 하고 이런저런 이야기를 하는데 '요즈음에는 나이 든 사람이 할 수 없는 모바일로 모든 것이 바뀌니 너무 어렵다'고 하시면서 "벌써 5월도 다 가네요."라며 이번에 사는 차는 자녀분이 타는 게 아니라 자주는 아니어도 고객님 본인이 탈 예정이라고 하신다.

곧 차를 받으실 생각에 기분 좋아 보이시는 고객님을 보면서 나도 덩달아서 기분이 좋았다.

고객님의 모습이 젊은이들 못지않게 씩씩해 보이시니 마음속으로 고객님 파이팅을 외쳐드리며 고객님이 멋있다고 생각했다. 건강하게 당당하게 나이 들어가는 것이 우리 모두의 바람이 아닌가 싶다.

영업소의 모습은 이른 마감을 하는 모습이었고, 마감과 시작을 반복하는 내 연인과 나는 오늘도 5월의 마감을 잘하기 위해서 바쁜 하루를 보낼 것이다. 주어진 일정 속에 움직이실 연인이 걷는 곳마다 기분 좋은 일로 가득하시길 기원하고, 5월 마감 잘하시기를 응원해본다.

P.S.: 일 속 연인께 보내드리는 목요일의 영업 이야기 318번째를 보내드립니다. 끝까지 읽어주심에 감사드립니다.

2021년 5월 27일 삼성카드, 국민카드, 우리카드 김영란 드림

고향 들녘의 풍요로움

"안녕하세요?"

"이게 누구여? 영란이여?"

"네. 주말이라 내려왔어요."

지난 금요일 일을 마치고 고향에 내려가 동네 어귀에 들어서는데, 한 낮 더위를 피해 어둑한 저녁에 밭에서 일하시던 80대의 동네 어른이 실 하게 익은 옥수수를 따시며 인사를 받아주신다.

코로나가 확산되면서 재택근무를 하고, 사람 많은 밖에 다니는 것조차 어려운 도시와 달리 시골 깊숙이 자리 잡은 고향 동네는 조용하고 평화로웠다. 토요일 아침에 동네를 돌아보니 뜨거운 햇살을 받아 들에는 고추가 붉게 물들어가고 있고 뒷산에는 다래와 으름이 야무지게 익어가고 있었다. 큰 바구니에 풋고추와 호박과 가지를 따고 옥수수를 한 자루 따서 집으로 돌아와 옥수수와 감자를 쪄서 앞 강으로 갔다.

어릴 적 개헤엄으로 친구들과 신나게 놀았던 추억을 생각하며 옥수수 먹고 감자 먹다가 다슬기도 잡고 수영도 하며 한가한 주말을 보냈다. 코로나로 인한 심각한 뉴스도, 일도, 모든 걸 뒤로하고 자연 속에 묻혀 어린 시절에 했던 놀이를 중년의 나이에 하니 마냥 평화롭고 여유로웠다.

동네 전체 가구 수가 10가구이고 거의 80대 어르신이라 동네는 마냥 조용하다. 강에서 놀다가 집으로 올라오는데 언덕 정자에 앉아있던 동네 어른들이 "영란이 왔구나?" 하시며 손을 흔드신다. "안녕하세요? 더우시죠?" 하며 인사를 한다. 코로나로 인해 친구들도 만나지 못하고, 내 이름을 불러주는 사람이 언제 있었나 싶게 기억이 가물가물한 때에 내 이름을 이렇게 자연스럽게 불러주는 풍경이 너무 푸근하고 좋았다.

의정부로 돌아가야 하는 일요일, 이웃 마을 옥수수 농사짓는 곳에 가서 옥수수 선물 보낼 것을 부탁하고, 앞 강에서 잡은 다슬기도 맛있게 먹고 푸짐한 먹거리를 차에 잔뜩 실어 고향을 등지고, 여느 때와는 달리 한산한 도로를 달리며 집으로 돌아왔다. 무더위가 심하다고 싫어하는 뜨거운 햇살이, 고향에 가보니 산과 들에 익어가는 모든 곡식과 과일에는 견인차가 되어주고 있어 고맙다는 사실을 새삼 알았다.

오늘도 무더위 속에 일정을 소화하실 내 연인이 건강 챙기시고, 얻고자 하는 모든 것 실하게 열매 맺는 하루 보내시기를 기원해본다.

P.S.: 일 속 연인께 보내드리는 목요일의 영업 이야기 327번째를 보내드립니다. 끝까지 읽어주심에 감사드립니다.

2021년 7월 29일 삼성카드, 국민카드, 우리카드 김영란 드림

건강을 좌우하는 면역력

어제 새벽에 살짝 선보인 첫눈과 함께 쌀쌀해진 날씨가 본격적인 겨울로 접어들고, 거리에 다니는 사람들의 옷차림도 두툼해졌다.

어제는 영업소에서 연인과 대화하는 중에 바이러스 이야기가 나왔다. 올해는 다른 해와 달리 독감이 기승을 보일 거라며 예방주사도 꼭 맞아야 한다고 한다. 최근에 아이들한테 심각하게 유행하는 '파라 바이러스'라는 호흡기 질환 때문에 어린이집과 유치원, 학부모들이 촉각을 곤두세우고 있다고 한다. '파라 바이러스'는 예방 주사는 없고 고열, 기침, 구토를 증세를 보이며 가볍게 감기처럼 지나가기도 하지만, 심할 때는 폐렴의 원인이 되기도 한다고 한다.

코로나로 인해 만성적으로 정신적인 피로가 있어서인지 면역력이 떨어진 사람들이 많다고 한다. 올해는 독감 주사도 꼭 챙겨서 맞고, 면역력을 올리는 데 힘을 쓰는 것이 겨울맞이의 숙제가 아닐까 싶다.

면역력을 올리는 데는 적당한 운동과 식습관이 중요하고, 자기 몸의 면역력은 곧 건강의 키워드가 된다는 게 원자력 병원 백남선 박사의 조언이다.

1. 철저한 위생 관리 / 2. 차가운 음식 금지 / 3. 충분한 수면
4. 적당한 운동 / 5. 체온 유지 / 6. 균형 있는 식사

위의 여섯 가지가 면역력을 올리는 방법이라고 한다. 스트레스를 친구처럼 안고 사는 시대에 적당한 스트레스 해소법도 중요한 것 같다. 우리 모두에게 공평하게 주어지는 오늘이라는 무대에서, 내 연인이 빛나는 주인공이 되시고 환절기에 건강 관리 잘 하시어 면역력 챙기는 하루 보내시기를 기원해본다.

P.S.: 일 속 연인께 보내드리는 목요일의 영업 이야기 342번째를 보내드립니다. 끝까지 읽어주심에 감사드립니다.

2021년 11월 11일 삼성카드, 국민카드, 우리카드 김영란 드림

올해의 마지막 편지

새로운 달력을 받아 들고 중요한 날짜를 체크하며 소소한 신년 계획을 세운 지 엊그제 같은데 마지막 달력의 끝자락에 다다랐다. 늘 돌아보면 아쉬움이 남는 연말이지만, 올해는 우리의 날개를 훨훨 펼치지도 못하고 코로나 상황에 눈치 보며 움직였던 한 해였다.

난생처음 겪어보는 전염력이 강한 바이러스이기에 내 주변에 피해를 줄 수 있는 일을 만들면 안 된다는 강박관념에 더 조심하고 두려워했던 것 같다. 비가 오나 눈이 오나 바람이 부나 긴 세월 빠짐없이 연인을 찾아 방문하던 영업소도 종종 가지 못하고 재택근무를 해야 할 때는 너무 답답했었다.

늘 언제나 누구에게나 희망의 빛은 존재하기에 코로나도 우리 곁에서 사라질 날이 꼭 올 것이라고 기대한다. 요즘 새삼 더 소중해지는 평범한 일상이 하루빨리 우리에게 주어지길 간절히 바라는 마음이다.

올 한 해도 코로나라는 가시덤불을 헤치고 달려오시느라 정말 수고가 많으셨습니다. 마지막 달력의 숫자 하나가 없어지는 내일까지 올해의 마무리 잘 하시고, 2022년 새해를 희망찬 마음으로 맞이하시길 바랍니다. 올 한 해도 저를 믿어주시고, 지금의 저를 있게 해주신 것에 다시금 깊은 감사를 드립니다.

오늘도 새로운 아침을 시작하며 내 연인이 계획한 모든 일이 순조롭게 술술 풀리고, 건강 또 건강하시기를 기원해본다.

P.S.: 일 속 연인께 보내드리는 목요일의 영업 이야기 349번째를 보내드립니다. 끝까지 읽어주심에 감사드립니다.

2021년 12월 30일 삼성카드, 국민카드, 우리카드 김영란 드림

눈 내린 오후

어제는 오랜만에 많은 눈이 내렸다. 오전에 영업소를 다니고 오후 한 가한 시간에 아파트 단지로 나가봤다. 추위에 아랑곳없이 아이들은 신나게 눈을 뭉쳐 눈사람을 만들고 있었다. 상기된 얼굴들이 너무 즐거워 보였다. 어느 아이 엄마도 눈사람의 얼굴 만드는 걸 도와주며 같이 동심으로 돌아가 해맑은 모습이었다.

단지를 돌아 초등학교 옆 공원 쪽 경사진 곳으로 가보니 아이들이 눈썰매를 타고 있었다. 플라스틱 눈썰매를 들고 올라가서 신나게 타고 내려오기를 반복하면서 기쁨의 환호성을 질렀다. 저 아이들 속으로 들어가서 눈썰매를 타고 싶은 마음이 굴뚝같았지만, 눈썰매를 탈 수 있는 비닐

포대도 없어 대리만족만 하고 돌아섰다.

동요의 가사처럼 산도 들도 나무도 하얀 눈으로 쌓여서 세상이 온통 하얗게 변해 눈이 부셨다. 나이 들면서 눈이 오면 미끄러워서 넘어지면 안 된다고, 밖에 덜 다니고 조심하며 몸을 사렸는데 하얀 눈 속에서 마음 깨끗한 아이들이 노는 모습을 보니 내 눈도 마음도 정화가 된 느낌이다.

눈은 두 얼굴을 가지고 있다. 예쁘기도 하지만 녹으면서 얼기 때문에 골목길이나 외진 곳은 운전할 때나 도보를 할 때도 조심해야 한다. 오늘도 하루를 시작하면서 내 연인이 안전 운전하시고, 움직이는 걸음마다 행복한 마음이 같이 하시길 기원해본다.

P.S.: 일 속 연인께 보내드리는 목요일의 영업 이야기 352번째를 보내드립니다. 끝까지 읽어주심에 감사드립니다.

2022년 1월 20일 삼성카드, 국민카드, 우리카드 김영란 드림

나는 내 인생에서 끊임없이 실패했습니다.
그리고 그것이 내가 성공한 이유입니다.
– 마이클 조던

당신은 매번 성공을 보장받지는 못하지만
발자국을 떼어놓을 때마다
두려움은 수그러들 것이고
반면 용기와 확신은 점점 커질 것입니다.
그렇게 마침내 당신이 바라던 무대에 서게 될 것입니다.
– 랄프 왈도 에머슨